本书为湖北省高等学校马克思主义中青年理论家培育计划（第八批）

（省社会基金前期资助项目）

"中国共产党领导人百年家国情怀及实践研究"

（项目编号：21ZD234）的结项成果

中共山东省委党校（山东行政学院）科研支撑项目成果

山东省习近平新时代中国特色社会主义思想研究中心研究成果

中华民族

家国情怀

的传承研究

刘松 ◎ 著

天津出版传媒集团

天津人民出版社

图书在版编目（CIP）数据

中华民族家国情怀的传承研究 / 刘松著. -- 天津 ：
天津人民出版社，2025. 8. -- ISBN 978-7-201-21393-4

Ⅰ. D647

中国国家版本馆 CIP 数据核字第 2025A50M95 号

中华民族家国情怀的传承研究
ZHONGHUA MINZU JIAGUO QINGHUAI DE CHUANCHENG YANJIU

出　　版	天津人民出版社
出 版 人	刘锦泉
地　　址	天津市和平区西康路35号康岳大厦
邮政编码	300051
邮购电话	(022)23332469
电子信箱	reader@tjrmcbs.com
策划编辑	郑　玥
责任编辑	佐　拉
装帧设计	卢炀炀
印　　刷	天津新华印务有限公司
经　　销	新华书店
开　　本	710毫米×1000毫米　1/16
印　　张	14.5
插　　页	2
字　　数	280千字
版次印次	2025年8月第1版　2025年8月第1次印刷
定　　价	89.00元

目　录

绪　论

党的二十大报告指出:"坚持和发展马克思主义,必须同中华优秀传统文化相结合。"[1]这就要求必须在新时代"推进中华优秀传统文化传承发展工程"[2],"坚持创造性转化、创新性发展,激发全民族文化创造活力,更好构筑中国精神、中国价值、中国力量"[3]。因此,中华民族家国情怀的传承研究正当其时。

一、研究的问题和意义

(一)研究问题

1.选题背景

在党的十九大报告中,习近平指出:"中国特色社会主义文化,源自于中华民族五千多年文明历史所孕育的中华优秀传统文化,熔铸于党领导人民在革命、建设、改革中创造的革命文化和社会主义先进文化,植根于中国特色社会主义伟大实践……要坚持为人民服务、为社会主义服务,坚持百花齐放、百家争鸣,坚持创造性转化、创新性发展,不断铸就中华文化新辉

---

①　《习近平著作选读》(第一卷),人民出版社,2023年,第15页。
②　本书编写组:《〈中共中央关于坚持和完善中国特色社会主义制度、推进国家治理体系和治理能力现代化若干重大问题的决定〉辅导读本》,人民出版社,2019年,第25页。
③　本书编写组:《〈中共中央关于坚持和完善中国特色社会主义制度、推进国家治理体系和治理能力现代化若干重大问题的决定〉辅导读本》,人民出版社,2019年,第24页。

煌。"① 弘扬中华优秀传统文化是新时代赋予我们这一代人的历史使命。这一历史任务是传承中华优秀传统文化的需要,也是开创未来、复兴中华民族文化的需要。因此,选择研究家国情怀课题既观照了弘扬中华文化优秀传统的历史使命,又顺应了新时代发展的要求,响应了党的号召,为发展中国特色社会主义文化提供理论支撑。

2.研究主题

本书所要研究的问题是"中华民族家国情怀在新时代的传承与转化",包括三个具体问题:

第一,家国情怀的内涵、特征与理论体系。通过研究,既要搞清楚"家国情怀"在传统历史文化中的内涵,也要厘清在现代化国家生活中的应有之义,从理论上概括家国情怀的历史特征和现代风貌,阐明传统文化体系中有关"家国情怀"的理论逻辑基础,还要系统梳理马克思主义理论家、中国历代圣贤先哲、创建新中国的老一代革命家和建设者们的家国情怀理论见解、鲜活实践经验,推进家国情怀理论创新。

第二,中华家国情怀在传统社会历史传承。通过研究,要搞清楚家国情怀在建设社会主义中国、复兴伟大的中国梦、增强中国文化自信中的作用,探索家国情怀的历史传承、转化的具体方法、路径,进一步将家国情怀发展为家国天下情怀,不忘中国共产党人的初心,培育人类命运共同体的价值理念,探索实践途径,积累实践经验。

第三,中华家国情怀在当代转化与发展。通过研究,厘清家国情怀历史传承和时代转化的规律、传承转化的条件和机理,站在历史和时代的高度探究家国情怀中富有哲理性的问题,预见未来家庭、未来国家、未来家国

---

① 《习近平著作选读》(第二卷),人民出版社,2023年,第34页。

关系、未来家国文明建设和发展道路上可能出现的问题,及早提出预案。

(二)理论意义

从理论研究的价值角度看,研究中华民族家国情怀的传承必将增强中华民族文化自信的理论解释力,必将揭示中华优秀传统文化与马克思主义理论相结合的内在理论原因和规律,必将吸收中华传统社会治理制度的理念智慧,促进新时代中国社会治理理论的发展。

1.增强中华民族文化自信的理论解释力

首先,理论解释力的核心在于家国情怀与中华文化价值自信之间的内在关联。我们要"深入挖掘和阐发中华优秀传统文化讲仁爱、重民本、守诚信、崇正义、尚和合、求大同的时代价值,使中华优秀传统文化成为涵养社会主义核心价值观的重要源泉"①。中华优秀传统文化与社会主义核心价值观之间内在关联的连接点就在于家国情怀所传承的价值观。为何传承中华民族家国情怀的价值观就能支撑当代中华文化自信和价值观自信呢?这是因为,经过千百年历史考验的中华民族家国情怀所传承的价值观确立了主体的国家认同、民族认同、历史文化认同,有了这些认同,就树立了主体的价值观自信,也就树立了整个中华民族的文化自信。社会公民和整个民族有了核心价值的自信,就能树立文化自信了。

其次,理论解释力的根基在于"先进性、人民性、真实性"的价值观优势。当代中国社会主义核心价值观传承于中华民族家国情怀所蕴含的价值观,例如,家国情怀中蕴含的民本思想、仁政观念、"国家兴亡匹夫有责"精神与社会主义核心价值观里的民主观念一脉相承;家国情怀中的齐家治

---

① 《习近平谈治国理政》(第一卷),外文出版社,2018年,第164页。

国理想、崇尚"和合"、追求"大同"的目标与社会主义核心价值观里的富强、和谐等价值理念也是同脉同源、目标一致。这些传承于家国情怀的价值观念以其人民性、真实性和先进性的优势引导人类社会价值发展方向，成为人类社会价值的"灯塔"，展现了强大的道德和正义的力量。我国社会价值观的先进性，体现在当前社会的三个方面：一是在这种价值观指导下建立了社会主义公有制，提升了整个社会的生产力；二是在这种价值观指导下消灭了剥削制度，实现了社会地位的人人平等；三是在这种价值观指导下劳动人民成为国家真正的主人，人民共同治理国家，建设美好生活。因此，在这种价值观指导下建立的社会是人类社会迄今为止最先进的社会制度。我国社会价值观的人民性，体现在三个方面：一是在社会地位上，坚持人民主体地位，人民居于国家最高地位；二是在价值追求上，以人民利益为中心，反映了最广大人民群众的价值利益诉求；三是在国家建设和社会治理上，积极依靠人民，历史由人民书写，党和国家引导广大人民实现共同的社会理想。过去的运动往往都只为少数人谋利益，而"无产阶级的运动是绝大多数人的，为绝大多数人谋利益的独立的运动"[1]。资产阶级就常常把民主、自由、博爱挂在嘴边，"但它始终是而且在资本主义制度下不能不是狭隘的、对穷人的陷阱和骗局"[2]。而在我国，自由和民主的价值观"不是装饰品，不是用来做摆设的，而是要用来解决人民要解决的问题的"[3]。由此可以看出，这些传承于家国情怀的核心价值理念增强了中华民族文化自信的理论解释力。

---

[1]《马克思恩格斯文集》(第二卷)，人民出版社，2009年，第42页。
[2]《列宁选集》(第三卷)，人民出版社，1995年，第601页。
[3] 习近平：《在庆祝中国人民政治协商会议成立65周年大会上的讲话》，《人民日报》，2014年9月22日。

最后,中国特色社会主义建设给理论解释力提供了现实基础。中国特色社会主义制度主动吸收了中国传统社会家国情怀中"家伦国制"等级社会制度和谐稳定、繁荣的设计智慧,并充分融入各历史阶段国家民族对正义、平等、大同等价值追求。改革开放以来,中国人民坚持走自己的发展道路,开创了中国特色社会主义道路,我们不仅在综合国力、国际竞争力和影响力等方面取得了世人瞩目的进步,还在人民生活水平,国家发展和人居环境等方面得到了显著改善。中国日益走近世界舞台的中央,不论是G20杭州峰会还是"一带一路"建设的推进,都彰显了我国社会主义制度的强大生命力和巨大优越性。我国社会主义制度饱含着时代创新和人民对幸福向往的制度转化,彰显了中华文化自信。简而言之,中华文化视域下家国情怀的当代传承是中华传统美德的延续和发展,其独特魅力是其他民族文化所不能替代的,增添了全体中华儿女内心深处的自信和自豪,增强了国人对中华文明的文化认同感和归属感,增强了理论自信、文化自信及其理论解释力。

2.揭示"中"与"马"文化结合的内因

这里的"中"指的是中华优秀传统文化,"马"指的是马克思主义文化。它们结合的内因在于,代表中华优秀传统文化的家国情怀所传承的价值观与中国化马克思主义文化核心价值观——社会主义核心价值观,在崇尚的价值目标层面是相同的,在价值内容层面是一致的,在价值实现的方法与路径上是相应和的。

首先,两者崇尚的价值目标是相同的。家国情怀所内含的价值观标准是"主体自由、民族和睦、文明提升"[1]。下面,依次从这三条标准的角度进

---

① 刘松:《主体自由、民族和睦、文明提升:家国情怀的历史衡量三维标准探析》,《山东社会科学》,2019年第5期。

行比较:第一,家国情怀里的主体自由与社会主义核心价值观自由、民主追求的价值是相同的。民主的目的仍然是追求主体的自由,由人民自己当家作主,决定各项事情的处置意见,因此都是为了实现主体的自由这一价值目标。第二,家国情怀里的民族和睦与社会主义核心价值观里的和谐、平等所追求的价值目标是相同的。民族和睦所追求的就是所有民族在国家政治生活中地位平等,各民族团结友好、互相帮助、共同发展进步。因此,民族和睦与社会主义核心价值观里倡导的和谐、平等是同向价值追求。第三,家国情怀里追求的文明提升与社会主义核心价值观"文明""民主""法治""公正"等价值理念相一致。国家和社会文明的标志就在于富强、民主、文明、公正、法治这些价值理念,一个国家在经济上富有了,在军事上强大了,在政治上讲民主、崇尚民本,在文化上追求文明,在社会事务处理上讲求公正,在国家治理方面尊崇法治,那么这个国家和所处的社会总体上就接近了"文明"这一标准了,如果随着社会不断进步,这些方面都有所进步,那么这个国家总体上向"文明提升"的发展趋势发展。由此看出,家国情怀里的主体自由、民族和睦、文明提升这三维价值标准与社会主义核心价值观崇尚的价值目标是相同的。因此,两者有了相结合的可能性。

其次,两者在价值内容上相一致。社会主义核心价值观涉及国家、社会、公民三个层面。第一,在国家建设层面,富强、民主、文明、和谐分别涉及经济、政治、文化、社会等方面的内容。在家国情怀里,对于如何建设国家、家庭和社会也有大量相似的内容。例如,家国情怀里的"中和位育论"就谈到"位序分则和,和生则物育",经济的发展与繁荣与"位"是否正、是否和有关系,位正则序分,事和则万物化育,万物育则经济得到发展,国家才有了富强根基。由此可以看出,家国情怀的"中和位育"理论内容是与社会主义核心价值观"富强"的内容相一致的。第二,在社会建设层面,自由、平等、法治、公正涉及社会建设的重大问题,这些要求与实现国家治理体系和治理能力现代化要求相契合。在家国情怀理论里面,统治阶级利用"家规国制"和"礼法"来治理国家也有法治的意味,将国家社会各阶层分为有序的等级也是封建社会追求相对平等、公正的一种表现,总体是为了维护封建统治阶级的统治。在我国社会主义社会,广大的劳动人民成为国家的主人,也同样存在对不同行业、不同社会阶层的人们进行有序等级划分的问题,合理安排不同阶层、不同职业人群的社会职权,依法治理,维护相对的平等与公正。因此,这些家国情怀的理论建设内容可以传承、借鉴到社会主义核心价值观中去。第三,在公民建设层面,爱国、敬业、诚信、友善回答了我国社会到底要培育什么样的公民,涵盖了职业道德、社会公德、家庭美德、个人品德等各方面的要求。这些道德要求与家国情怀中孝悌瑞国、忠孝转化、家齐国治等诸多内容是一致的。对父母之孝,对家人之友善互敬,对职业的工匠精神都是齐家、旺家的表现,这些事情做好了,运用到治理国家上面,就是忠于国家、忠于事业的表现,因此,家国情怀里的这些内容与社会主义核心价值观相一致,两者有了相结合的基础。

最后,两者在价值实现践行方法与路径上相应和。社会主义核心价值观要落到实处就必须深入实践,把那些倡导的价值理念融入生活实践,这种思路和举措是与家国情怀理论的践行相适合的。第一,两者的践行目标相应和。无论是社会主义核心价值观还是家国情怀,其践行的目的就是让所倡导的价值理念为践行主体所认同、接受,并内化于心、外化于行。第二,两者践行的过程相应和。无论是社会主义核心价值观还是家国情怀,其践行的过程都是将抽象的目标理念细化为具体行为,然后让主体去遵守,通过奖惩手段,强化具体的范条对主体的规范作用,随着时间的推移,主体逐渐习惯遵守这些约束的范条,最后就化民成俗了。第三,两者践行强化手段相应和。社会主义核心价值观和家国情怀在践行方面的共同思路在于将道德理念和价值信条细化为各方面的言行准则和规范,然后通过奖惩手段来强化实行,这些奖惩手段既有物质方面的奖励或罚没,也有精神方面的鼓励或批评,两者的践行强化措施和手段是相辅相成的。

3.传扬中华传统社会家伦国制治理智慧

首先,社会主义核心价值观需要家国情怀理论的支撑和深入。研究家国情怀传承理论之所以能给社会主义核心价值观提供理论支撑,主要是由于三个方面的原因:第一,社会主义核心价值观的一些核心理念的形成是基于中国传统文化的。中国传统文化的核心和精髓就在于民族精神和时代精神,它们都是对中华家国文化精神的总结概括和提炼,其基因和根脉都源于家国情怀理论。因此,社会主义核心价值观的各项理念都能在家国情怀理论里面找到其源头、根据和出处。例如,富强和文明的理念,就是源自家国情怀的中和位育、孝悌治国和家齐国治这些内容。第二,社会主义核心价值观的一些理念是对传统价值观的时代转化与创造性再现。例如爱国、法治的概念性质随着时代的发展已经发生转换,国家在封建时代指的是君主专制政权,现在已经转变成人民民主专政政权,国家的性质发生变化;法治在封建时代多指维护封建统治的、缺乏人性的严刑峻法,在现在则转变成具有人文关怀的、维护人民权益的法律制度和治理体系,其性质和基础发生了时代变化。再例如,自由、平等、公正理念,虽然也能在家国情怀理论里找到本源性理论和观念的影子,但毕竟注入了新时代的内涵和追求,已与传统家国情怀中的理论提法不完全一样,这就需要经过理论的对比、推演,找出其内在联系,从而正本清源,厘清理论变迁思路,准确阐释,树立自信。第三,社会主义核心价值观的一些概念直接取法于传统家国理论,如和谐、诚信、友善,这些理念在家国情怀理论里都有较为系统和全面的论证,其所追求的人际关系、社会环境状态的意义相同,可以直接用传统家国情怀理论来进行理论阐释。由此可知,社会主义核心价值观要得到正确而深入的阐释,需要借鉴和利用家国情怀的理论资源。

其次,社会主义核心价值观的建设需要中华民族家国情怀富有特色的独特内容来充实和具体化。第一,社会主义核心价值观的一些重要概念的理论渊源、理论阐释需要家国情怀理论内容来充实。例如:爱国的价值理念,在家国情怀理论中有丰富的内容,对于国的概念的产生、家的概念的产生、家与国在历史上概念的同一与分离、两者的伦理结构关系、两者的矛盾对立和变化关系等,这些内容都可以加深人们对爱国的理解。第二,社会主义核心价值观的某些内容宣传教育需要传统家国情怀理论来拓展、补充和充实。例如,文明、和谐的价值理念,在传统文化中有着几千年的积累和思考,如何调整家与国的利益关系,如何凸显文明的进步,如何保障百姓基本利益,提升百姓富足感、幸福感、荣耀感,如何增强民族团结,维护国家统一,合理处理本民族与其他民族的利益关系,如何实现社会和谐、天下太平,这些方面的内容可以借鉴。另外,历史上一些君王横征暴敛、不施王道、搞民族分裂或者用严刑峻法对待人民导致统治速亡的历史故事和经验教训从文明和谐的反面提供了警示性内容。第三,社会主义核心价值观的一些理念的发展与完善需要借鉴传统家国情怀的理论。例如民主、自由的理念,在传统家国情怀理论中有大量的论述,既有正面的案例和理论,也有反面的案例和理论。随着时代发展,西方民主、自由的理念不断传入我国。在今天,我们应该如何发展当代民主、维护广大人民主体的自由,既需要借鉴外来文化的宝贵经验和理论,也要清醒地认识到我国的国情,从近代一味效仿西方民主、自由制度的失败中汲取教训,走出一条符合中国国情的民主、自由发展道路。

最后,社会主义核心价值观的践行需要家国情怀多样化的实践来演绎和习惯化。例如,公民的法治理念、法治意识的培养,需要从家庭教育中吸取实践的智慧。孩子在小的时候,如果我们有正确的家规、家训教育孩子守纪,在生活实践中去践行,养成习惯,长大遵纪守法、按照法治的观念处事、治理国家就顺理成章。再例如文明的理念,除了可以从大量传统历史故事来教育人们外,也可以从孩子小的时候培养孩子的文明习惯开始,从生活实践小事做起,懂得孝老敬亲、懂得礼让家人、懂得和善处理人际关系、懂得诚信守诺、懂得善待自然,在这些文明习惯中践履笃行,文明的价值理念就得以具体演绎。此外,社会主义核心价值观的实践内容需要借鉴传统家国情怀的理论与实践。例如友善的价值理念,就需要借鉴传统家国情怀理论。在传统家国情怀理论的实践过程中,处理人与人之间的关系,和善待人,在一开始不刻板地遵循理论假设,而应根据对方实际表现决定人际态度。社会主义核心价值观在实践过程中可以效仿传统家国情怀理论合理的实践培养过程。例如敬业的理念,要学习效仿传统工匠精神,把敬业理念贯彻到职业生活的具体过程和领域。古人在《学记》有云:"大学之教也,时教必有正业,退息必有居。学,不学操缦,不能安弦;不学博依,不能安诗;不学杂服,不能安礼;不兴其艺,不能乐学;故君子之于学也,藏焉,修焉,息焉,游焉。"[1]这里就具体谈到了教育教学的过程,显示出古人对教师这一职业的敬业态度。

综上所述,研究中华民族家国情怀的传承必将增强中华民族文化自信的理论解释力,必将揭示中华传统优秀文化与马克思主义文化能够结合的内在理论原理和规律,必将吸收中华传统社会治理制度的理念智慧,促进

---

[1]《礼记·学记》。

新时代中国社会治理理论的发展。

(三)实践意义

本书试图从理论上,掌控价值引导的话语权来强化和巩固我们已经拥有的价值观自信,力争在国际文化传播中占据主导地位,让世界人民听到一个真实的中国声音、看到一个不被刻意抹黑的中国形象,让世界分享中国发展成果,让中国精神与和谐社会建设经验在世界传扬,让中国发起的人类命运共同体倡议得到世界更多国家响应,让共产主义的理想最终实现。

1.驳谬论、立国威,弘扬中华民族文化自信

仅仅有了文化自信和价值观自信还不够,还需要掌控价值引导的话语权来回击西方文化霸权,从而进一步驳斥西方文化中心论的谬论。通过话语权的掌控,还可以强化和巩固我们已经拥有的价值观自信,也可以在国际文化传播中占据主导地位。掌控价值引导话语权的具体表现就是利用话语言说来宣传我们意欲引领的价值观,利用话语言说彰显中国价值、中国力量,利用话语言说传播家国情怀故事,推动民众价值选择和价值效仿。

首先,话语可以主导价值引领。话语是基于特定目的的言说方式。话语之所以能够主导价值引领,是由于话语"把词语构成表达体系的特殊组合方式、理论姿态和思想立场"①。第一,话语把词语构造成特定的顺序,不同的顺序有不同的含义,传递了说话人的价值意愿。《易传》云:"言出乎身,加乎民。"②尽管言语出自少数人之口,却能够对广大民众产生影响。"君子

---

① 韩震:《社会主义核心价值观的话语建构与传播》,中国人民大学出版社,2019年,第60页。

② 《易传·系辞传上》。

居其室,出其言善,则千里之外应之,况其迩者乎？居其室,出其言,不善则千里之外违之,况其迩者乎?"①由此看来,做成事情,需要通过话语宣传其内在价值合理性。如果说话不慎,特别是权力显赫者或者大众关注的人物,会带来许多混乱。即所谓"乱之所生也,则言语以为阶"②。许多祸乱的发生,都是由说话所造成,所以人必须谨慎发言。第二,话语把词语排列成不同的顺序,表达了一定的理论姿态。正所谓"其名称也小,其取类也大。其旨远,其辞文,其言曲而中,其事肆而隐"③。在《周易》里面,随处可见选取一个小的物象,来传达一种深远的意义,从而使得表达的意义和效果明确,经过语词构造之后的话语能够传达深刻的理论内涵、应景巧妙而富于文采,说话婉转却能一语中的,事情道理说得既明白通透,又很含蓄。第三,话语把词语排列成不同的顺序,表达了发言者的思想立场。所谓"辞达而已矣"④。

其次,话语可以彰显价值力量。通过话语表达可以彰显我们所要倡导的价值观,而要提升我们对外文化传播的能力,就必须创新对外表达中国立场和中国声音的话语方式,具体可以从五个方面来创新。一是创新话语立意,表达中国精神;二是创新话语方式,引发他者共鸣;三是创新话语主题,巩固共同价值;四是创新话语内涵,提升感化能力;五是创新话语方向,奔向世界大同。

最后,话语可以传播家国情怀。在信息化时代,信息是判断决策的依据。话语言说方式和言说重点引导着人们的立场态度,渲染着听者的情

---

① 《易传·系辞传上》。
② 《易传·系辞传上》。
③ 《易传·系辞传下》。
④ 《论语·卫灵公》。

绪。在意识形态交锋中,国际话语的竞争成为舆论的角力场,打赢如今的战争靠的不是最好的武器,而是最好的叙述方式。当然,中国话语并非要取代其他声音,而是要传播具有中国价值的正能量和正义之声,我们传播家国情怀、讲好中国故事,也是客观表达中国现状,让更多国际友人客观地看到中国实际情况,而不被西方媒体所误导。

2.矫偏差、传家风,创建和谐的家国环境

研究家国情怀传承的实践意义不仅在于彰显中华民族文化的自信,掌控国际传播话语权,避免一些别有用心的国家肆意泼脏水,在国际上树立良好形象,其实更重要的,是让全体人民形成忠厚传家、立德树人、化民成俗的好风气,为实现中国梦打好基础。当前中国社会许多家庭家教缺位、家教失衡、家教失德、家教失范的问题,要纠治这些问题,必须深入研究中华家国情怀的传承理论与实践经验,传承中华良好家风,创建和谐的家国环境。

首先,研究中华家风传承可以推动忠厚传家的民风。中国古人很早就认识到只有齐家才能治国平天下的道理。"这就像穿衣服扣扣子一样,如果第一粒扣子扣错了,剩余的扣子都会扣错。人生的扣子从一开始就要扣好。"①家庭教育是对青少年价值观和生活能力的最初塑造。从政治角度看,家庭教育有着平治天下的重要政治意义,所以古人崇尚修身、齐家、治国、平天下,认为齐家是走向平治天下的基础和前提。我们今天重视家庭教育,是因为家教关系到孩子的基础德性,是走上社会、适应社会、为国贡献的培养基础。虽然古人与我们现在生活的社会性质、教育目的有所不同,但培养的实践环节、实践方法、实践过程却有着一致性,完全可以把古

---

① 《习近平谈治国理政》(第一卷),外文出版社,2018年,第172页。

人家国情怀里的家庭教育理论运用到社会主义核心价值观的践行中去。只有家庭、学校、社会三教共育形成合力,才能有效提高社会主义核心价值观的践行效果。还要看到,家庭教育对家庭成员价值观的形成具有终身影响作用。在目前信息化时代,青少年对社会的认识大多数都是从网络媒介传播给孩子的,但网上内容良莠不齐,需要家庭教育适当管束和正确引导,否则孩子的价值观会被不合适的价值观所引偏。我们要主动避免家庭教育的一些不足。如现代家庭教育内容上存在重智育轻德育、重知识轻能力的现象,现代家庭教育对传统文化行为系统内化不足,现代家庭教育功能弱化等。而弥补这些不足的方法就在于多去学习中华传统家教文化知识,多利用传统家国情怀的故事教育孩子,多利用优秀传统家国文化理论指导现代家庭教育实践。

其次,研究中华家风传承可以形成立德树人、明礼诚信、守规矩的好风气。社会主义核心价值观的践行不仅要在家庭教育上施力,在学校教育这个教育的主阵地更要加强。第一,在教育理念上要实现由应试教育向素质教育的转变。现代人读书的目的早已不是古人所追求的"明理""修身""成圣",而是为了求职。而入职要经过考试获取文凭,于是学生们就把所有精力投在考试、拿文凭上面,而忽视了综合素质的培养锻炼。这与我们倡导的社会主义核心价值理念是有出入的。如果只注重科学素养的提高,不注重人文素养,这样发展下去是很危险的。为此,我们的教育应该借鉴学习孔子开办私学、授徒学"六艺"的成功经验,多增加一些无课本、无课堂、无校园的生活化、游走式、对话式教学,提升学生的综合素质和能力。第二,教育内容上实现由脱离实际向知行统一转变。我们有的学校在传授社会主义核心价值观的内容时,仅仅满足于让学生知道这些概念、理念的知识内涵,至于如何践行则很少去思考或者思考不深,于是学生对社会主义核心价值观的学习只停留在认知层面,缺少践行,甚至知行相脱离、相背离。第三,教育方法上实现由注入说教式向启发自主式转变。社会主义核心价值观的教育不仅仅要依靠教师的单向灌输,更重要的是要启发学生主动学习,并把这些观念融入生活和学习中去,使之成为行动的指南。

最后,研究中华家风传承可以化民成俗。"化民成俗"这一教化方法出自《礼记·学记》。一种先进的理念或者好的行为方式只有通过长期的教化、感化民众的实践中,才能逐渐使民俗发生变化,让这种优秀的理念或合宜的行为方式成为新的民俗,才能真正影响民众。习近平指出:"要把社会主义核心价值观的要求融入各种精神文明创建活动之中……要利用各种时机、场合,形成有利于培育和弘扬社会主义核心价值观的生活情景和社会氛围,使核心价值观的影响像空气一样无所不在、无时不有。"①民俗文化是一种普遍的道德价值存续的力量。在社会风俗方面的道德维系方式有四种:第一种是依靠社会舆论力量对人的外在监督和约束;第二种是依靠个体自律的方式追求自身道德品格的完善;第三种是依靠政府表彰等道德回报机制对人们的道德言行进行激励;第四种是依靠人们之间互利互惠的道德上的等价交换。另外,民俗文化体现了人们的生存价值,具体表现在民众的心理归属和意愿固化成心理定势。这种民俗心理定式形成以后,便会朝着某一方向不断发展。因此,有效利用民俗文化进行社会管理和社会教化,将社会主义核心价值观"化民成俗"做到日用而不知,就成为当代社会的必然选择。

3.传承家国道德,促进社会稳定和全球治理

首先,研究家国情怀的中和位育理论对当今社会稳定发展具有借鉴意

---

① 《习近平谈治国理政》(第一卷),外文出版社,2018年,第165页。

义。社会的稳定源自社会有序运行,社会有序运行的核心原因在于中华家国情怀的"中和位育"。所谓"中和位育",就是保持中正平和,万事万物各安其位,事物依照其本源规律,自然化生。《周易·系辞下传》云:"天地之大德曰生,圣人之大宝曰位。何以守位?曰仁。何以聚人?曰财。理财正辞、禁民为非曰义。"①《中庸》云:"致中和,天地位焉,万物育焉。"②安位、遵序是遵从规律的表现。主体对自己家国的情感也是由主体在家庭和国家中的正当位置而自然阐发。其中有三层含义:第一,位定则物存,位明则物序。"位"事关万物稳定存在与和谐发展。自然界"天尊地卑,乾坤定矣;卑高以陈,贵贱位矣"③;人类社会"君君、臣臣、父父、子子"④各处其位。家国各安其位,孝忠各守其责,则家兴国旺,和谐发展,家国情怀得以自然阐发与感念。第二,位序分则和,和生则物育。《易传·系辞上传》云:"一阴一阳之谓道;继之者善也;成之者性也。……显诸仁,藏诸用……生生之谓易。"⑤一阴一阳对立转化,这是自然界普遍的规律。一阴一阳,继续不绝,这是本然的善。"天地之大德曰生。"⑥"人生而有欲,欲而不得,则不能无求,求而无度量分界,则不能不争,争则乱,乱则穷。先王恶其乱也,故制礼义以分之……是礼之所起也。"⑦家国伦理关系也是这样,君君臣臣、父父子子,夫妻和睦,兄友弟恭,三纲五常各据其位,各得其法,则家道兴旺,国家稳定,繁荣富强。所以,位序明分则和生,和生则万物育。第三,位由天道定,中和则合道。遵从天道、道法自然,才能"致中和,天地位焉,万物育

---

① 《周易·系辞下传》。
② 《中庸》。
③ 《周易·系辞上传》。
④ 《论语·颜渊》。
⑤ 《易传·系辞上传》。
⑥ 《易传·系辞下传》。
⑦ 《荀子·礼论》。

焉"①。所以说,合理的"位"由天道来决定。综上所述,主体的家国情怀是对阴阳道生、和合生物、仁德守位、位当而义正的心理认同与情感膺服。深入研究中华家国情怀"中和位育"理论,就可以掌握万事万物生育化生、井然有序的规律,就能洞悉社会稳定发展的规律。因此,研究中华家国情怀理论,传承"中和位育"理论智慧对于维持当代社会稳定发展有着积极借鉴意义。

其次,研究家国情怀的"家规国制"理论对当代社会民主法治建设有启发意义。任何时代的家规国制中都蕴含着对人们所处时代价值观的表达和传递,当家规国制中所传达的价值观与家国情怀所要追求的价值观一致时,就会获得主体的认同与赞美,表现出溢美性的家国情怀;反之,当两者价值观不一致,或者完全相反时,就会使得主体惆怅幽怨、扼腕叹息,表现出感伤性的家国情怀。这两种不同的情感反应会传递到家人和身边的人身上,于是,对规制所产生的不同情感会在具有相同价值观与价值理想的人群中传达、继承。一般,在平世和盛世的家国社会,往往传承的是对制度溢美性的家国情怀;在危世、乱世的家国社会,往往传承的是对制度感伤性的家国情怀。溢美性家国情怀往往激发人们褒扬赞美之情,催人昂扬奋进,增强了世人对规制的认同和维护;感伤性的家国情怀则引起人们对家国颓势的反思之情,催人临危思变,革故鼎新,奋发图强,增强了世人对现有规制的改革和图新。

因此,研究中华"家规国制"及其传承变迁,对于当代社会民主法治建设有启发意义。主要启发有四点:第一,自由需要人文精神。自由就是人们想不受约束地获得利益和幸福的意识和行为。自由价值观是保障社会

---

① 《中庸》。

成员个体实在性的价值依据,它是基于个体与社会统一的自由。鉴于自由的这些特性,要用人文熏陶的方法来涵育自由价值观。第二,平等需要制度理性。平等是新时代社会主义建设的目标,是当代中国社会追求并努力实现的一种理想的社会状态和思想观念。马克思认为:"平等是人在实践领域中对自身的意识。"①平等包括人格平等、机会平等和权利平等三方面内容。只有坚持制度理性,才能设计出大致公平的制度,人们的人格平等、机会平等和权利平等才能得到保护。第三,公正需要情境营造。公正作为社会主义核心价值观社会层面的重要内容之一,是新时期社会主义建设的目标,是当代中国社会追求并努力实现的一种理想的社会状态和思想观念。公正,意为公平正直,无私。"面对新形势新任务新要求,全面深化改革,关键是要进一步形成公平竞争的发展环境,进一步增强经济社会发展活力,进一步提高政府效率和效能,进一步实现社会公平正义。"②第四,法治需要人民觉悟。法治的基础是民主和自由,其科学性和合理性需要政府和民众的有效互动,由此可见,法治需要人民觉悟。

最后,研究家国情怀的传承是全球治理的需要。当前世界资源短缺、局部战争、环境污染、信息攻击、跨国犯罪等各种全球性安全问题层出不穷。要应对这些问题必须建立人类命运共同体,加强全球治理。全球治理理论的核心观点是,要建立多元组织机构,强化国际规范和全球机制。这种全球机制有点像中华家国天下治理模式。相比而言,家国天下治理模式有鲜明的责任主体和明晰的治理职责,治理效能较多元模式的全球治理更高。主要表现在三个方面:

第一,提倡重义轻利,反对以利克义的思想表现了圣贤先哲们在义利

---

① 《马克思恩格斯全集》(第三卷),人民出版社,1995年,第448页。

② 《习近平谈治国理政》(第一卷),外文出版社,2018年,第74页。

价值取向上导向国家集体大义和大利的家国天下情怀。中国古代在义利关系上普遍的价值取向是重义轻利的。孔孟都认为义与利是辩证统一的，只是认为义是根本的利，所以在义利关系上重义轻利、先义后利。《左传·昭公十年》记载："义，利之本也。"这也是为何要重义轻利的原因所在。孔子十分重义，认为"君子喻于义，小人喻于利"①。但他并不是只讲义而不讲利，也不是想把义与利对立起来、割裂开来，而是重二者的辩证关系，因为人们都好利，如果再增益之，相习成风，恐因自利而生贪夺，反而害了人道，所以多谈义，少谈利，以防贪利的流弊盛行。在义与利不可得兼的时候，倡导"舍生而取义者也"②。孟子更多地希望"义以制利"，用道义来节制、制衡利益。孔子在义和利的关系上，坚定地强调要"见利思义"和"见得思义"，强调不要见利忘义。但到了董仲舒那里，则完全将"义"与"利"的关系对立、割裂开来，成了"正其谊不谋其利，明其道不计其功"③。而且到了宋明理学就成了"存天理、灭人欲"的禁欲主义观点了，这就把重义轻利的思想绝对化、极端化，走向了否定利的荒唐地步。对重义的强调和提倡正展现了先贤圣哲们对国家公利、社会正义高度重视的家国天下情怀。

第二，秉持"谋利必先行义，行义必然生利"义利统一价值观，展现了圣贤先哲们睿智的家国情怀。中国古代思想家认为，重义并不是不言利、不要利、舍弃利，相反，重义的好处是可以产生利，可以得到比眼前利益更大的利益。《吕氏春秋·别类》有云："义小为之则小有福，大为之则大有福。"践行义的程度与所获利益和幸福大小程度成正比，倡议人们行大义而获大

---

① 《论语·里仁》。
② 《孟子·告子章句上》。
③ 《汉书·董仲舒传》。

利。王安石说:"义者,利之和。义,固所以为利。"①义,就是所有利益之和,和义之利即为义,兴义就是为了得利。朱熹也认为:"利,是那义里面生来的。凡事处制得合宜,利便随之。所以云'利者义之和'。盖是义便兼得利。"②由此可见,义是人之道,利是人之用,两者均不可缺少,不可偏废。在义的指引下,可以产生人们所追求的正当的利益、长久的利益和国家民族的利益。因此,谋利必先行义,行义定然会生利。古代先哲们对义利辩证关系和秩序的把握显示出他们睿智的家国天下情怀。

第三,坚持"以义取利"的价值标准指导人们对利益的行为取舍,展现出古代先哲们高尚的人格追求和对国民负责的家国天下情怀。所谓"以义取利",就是根据行为的合义与否来决定利益的取舍,合义则取利,不合义就放弃。孔子说:"君子有九思:视思明……见得思义。"③这里得与义的关系就是利与义的关系。合于义,就可以获得;不合于义,就不能得。王夫之说:"义与利,有统举无偏收,有至极而无所中立。"④"利害者莫大于义。"⑤这就是强调在义利关系上,要以义统利、以义制利、以利制害。由上可知,中国古代先哲所秉持的"以义取利"的价值标准对整个人类社会文明发展、道德风尚的形成都是极为有利的。我们只有坚持合义则取,背义则弃,秉持"君子爱财,取之有道"⑥的正义原则,人类社会才能奔向美好的明天。所以说,坚持"以义取利"的价值标准指导人们对利益的行为取舍,展现出古代先哲们高尚的人格追求和对国民负责的家国天下情怀。

---

① 《续资治通鉴长编》卷二一九。
② 《朱子语类》卷六十八。
③ 《论语·季氏篇》。
④ 《春秋家说》卷一上。
⑤ 《尚书引义》卷二。
⑥ 《增广贤文》。

总之,研究家国情怀传承理论,既可以提升中华民族文化自信、增强文化自信理论解释力,也可以揭示中华优秀传统文化与马克思主义文化相结合的内在原因,从而进一步加速马克思主义中国化进程,同时还可以吸收中华传统社会治理制度理念智慧,更加坚强有力地维护社会稳定,创建和谐家国治理环境,这对传家风立国威、平治天下和践行人类命运共同体、开展全球治理和推进人类社会民主法治文明发展都大有裨益,因此中华民族家国情怀传承转化理论值得深入研究。

二、国内外研究综述

(一)国外研究概况

国外学者对中华民族家国情怀的传承研究主要集中在四个方面:一是从家国概念、起源角度去把握家国情怀,二是从中西文化比较角度去考量中华民族家国情怀的传承,三是从不同学术流派的角度来看待中华民族家国情怀及其传承,四是从中华民族家国情怀的传承效应来展开研究。

1.从家、国概念和国家起源角度去把握家国情怀

马克思主义者从人类社会发展的角度阐发了家庭与国家起源的理论,并从这一理论中找到了家国情怀的根脉。马克思主义者把对家国情怀的注意力投向国家和制度产生的时间和原因。恩格斯在《家庭、私有制和国家的起源》(以下简称《起源》)中指出:"国家是社会在一定发展阶段上的产物……这种从社会中产生但又自居于社会之上并且日益同社会相异化的力量,就是国家。"①这就从国家的起源和实质上分析了国家概念,展现出对

---

① 《马克思恩格斯选集》(第四卷),人民出版社,2012年,第186~187页。

国家认知深刻的学术理论情怀。列宁在此基础上，提出"国家是一个阶级对另一个阶级使用暴力的机关或者机器"①。列宁站在被压迫人民的立场，分析揭示了国家的阶级实质，号召广大被压迫阶级推翻阶级压迫的家国情怀。与其他西方学派不同的是，马克思主义者善于从社会环境、斗争实践、阶级立场、唯物史观等角度去解读国家本质，号召人们推翻压迫阶级，自己当家做主，这就从家国的社会关系本源上激发了主人翁意识和勇于担当的家国情怀，它剖析了其阶级本质，揭示了其社会特征，概括了其历史进程，预测了其发展趋势，指出了其指导原则和现实意义，为我们继续深入研究此课题提供了基本的理论参考和学术借鉴。

自然说代表人物亚里士多德认为，国家是顺其自然发展形成的共同体。因此，自然说论者认为家国情怀是随着家、国自然形成而生长着的，是人类自然天性的一种表露。

暴力论者（如德国哲学家 E.K. 杜林、理论家 K. 考茨基和奥地利社会学家 L. 龚普洛维奇）认为，国家起源于掠夺和征服，社会发展的决定性因素是暴力。国家的产生是暴力征服的结果，这样就将人们的家国情怀引向对暴力的追捧与崇拜，给人类社会的发展植入了罪恶的根源。

2. 从中西文化比较角度去考量中华家国情怀的传承

英国科技史学家李约瑟曾提出中国文明传承与发展的"李约瑟问题"。李约瑟从国家制度对人性自由、创造力束缚的角度解答了中西方文明发展进程差异及文明传承性问题。由此也引发了一些中外学者对中华民族家国情怀传承历史的讨论。美国学者约瑟夫·列文森认为："在古代中国，早

---

① 《列宁选集》（第三卷），人民出版社，1995年，第308页。

期的国是一个权力体,与此相比较,天下则是一个价值体。"①他认为,国是王朝的权力秩序,中华民族家国情怀的传承之所以不同于西方,就在于国家权力体与天下价值体的分野。日本学者渡边信一郎认为"古代中国天下的空间经常处于弹性变动之中,中心清晰,边缘模糊"②,这种中国式的天下关系不同于西方的家国关系,而正是由于这种不同,导致了中华文明在传承过程中既有稳定包容性的特征,也有适应时代创新转化的特征,从而使得中华民族家国情怀的历史传承既具有传承的稳定性、包容性和持续性,又具有随着时代发展的变通性、转化性和适应性。而反观西方的家国关系和家国文化传承,家与国之间是两个独立的权力体关系,两者是割裂的、分化的,家国历史文化的传承也是断裂的,家与国之间靠契约来平衡二者的关系,这也导致其家国情怀的传承呈现断裂。例如,契约论者(如卢梭、克劳修斯、霍布斯、洛克等)认为,"在各种形态的社会中,最古老也是唯一天然的是家庭"③。各个家庭成员在"社会契约"④基础上结合成的道德与集体之共同体,"曾被称为'城邦',现在则称'共和国'或者'政治体';若它被动消极,它的成员称其为国家"⑤。洛克认为,"在我看来,国家是由人们组成的一个社会,人们组成这个社会仅仅是为了谋求、维护和增进公民们自己的利益。"⑥因此,在契约论者看来,家国关系就是一种责任划分与责任担当的契约,家国情怀就是对这种家国责任契约的依存情感、坚守理念和为之奋斗的决心。契约论者的家国情怀与中华民族的家国情

---

① [美]列文森:《儒教中国及其现代命运》,郑大华、任菁译,中国社会科学出版社,2000年,第84页。
② [日]渡边信一郎:《中国古代的王权与天下秩序》,徐冲译,中华书局,2008年,第45页。
③ [法]卢梭:《社会契约论》(启蒙运动三书),北京理工大学出版社,2018年,第5页。
④ [法]卢梭:《社会契约论》(启蒙运动三书),北京理工大学出版社,2018年,第19页。
⑤ [法]卢梭:《社会契约论》(启蒙运动三书),北京理工大学出版社,2018年,第20页。
⑥ [英]洛克:《论宗教宽容》(中译本),吴云贵译,商务印书馆,1982年,第5页。

怀形成了鲜明的对比,这也导致两者在家国情怀历史传承上的特点和轨迹的差异。

3.从不同学术流派的角度来看待中华家国情怀及其传承

国外学术界对家国情怀及其传承的研究呈现出多种学派"竞流"的态势,主要有自由主义、社群主义、文化民族主义、共和主义等流派。自由主义的代表有美国哈佛大学教授约翰·罗尔斯、英国知名经济学家和政治哲学家弗里德里希·哈耶克、经济学家约翰·加尔布雷斯和社会学家拉尔夫·达伦道夫,他们在个人与国家关系方面,主张确保民众拥有足够的经济和教育资源,认为这是对抗国家极权主义威胁的最好方法。在自由主义大旗下,似乎"家与国存在着某种对立关系",在这种家国关系下只可能产生一种对国家"疏离"的家国情怀。这种观点与中华民族一体共荣的家国情怀形成鲜明对比,其在家国情怀传承特点上也是迥异的。社群主义主张用公益政治学代替权利政治学,其代表有迈克尔·桑德尔、麦金太尔和沃尔泽等人。社群主义者认为,国家有引导和干预个人选择的责任,可以牺牲个人的利益来成就国家和社群的利益。在这种家国利益关系条件下,主体与国家的关系相对缓和,与之相应的是主体对国家的温和的家国情怀。这种家国关系的观点与中华家国一体时代的家国情怀有共同之处,是一种"舍家为国"式的家国情怀。文化民族主义者以赫尔德、马赫、席勒等德国哲学家为代表,他们极力保全本国语言、文化、习俗,争取国家统一。在被异族文明冲击的过程中,他们本能地捍卫传统文化价值的独立,内蕴着自觉的文化民族主义,家国情怀热情被极大地调动了起来。由此,文化民族主义条件下的家国情怀可谓是一种强烈的家国情怀。这种家国关系的观点与中华民族大一统时代的家国情怀有许多相似之处。共和主义者在个人与国家关系上认定政治权威最终源自人民同意的原则,拒绝接受君主和王朝统治原则。共和主义的代表人物有柏拉图、西塞罗、哈灵顿、弥尔顿、汉娜·阿伦特。共和思想的原则准绳概括为"公""共""和"。公,即天下为公;共,指国权共有;和,指以和平方式处理政务。在共和主义旗帜下,家与国被紧密地结合在一起,这种条件下的家国情怀可谓是一种亲密的家国情怀。这种家国关系的观点与中华民族人民民主时代的家国情怀有许多共通之处。相比较而言,西方的不同学术流派之间相互独立,对主体与家庭、国家的关系认识各有侧重,所形成的不同种类的家国情怀也没有必然的脉承关系,这与中华民族家国情怀的历史传承形成鲜明对比。

4. 从当代中国家国情怀的传承效应来展开研究

中华民族家国情怀在当代的传承与转化过程中,实现了其对国家综合国力的巨大推动作用。面对这一现象,许多国家加强了对当代中国家国情怀传承转化的关注和研究。近年来,对中国家国情怀的传承效应研究已经成为世界学术界关注的重点,国外主要有四种观点:第一,"中国威胁论"(美国,约瑟夫·奈)。这种观点夸大了中国家国情怀的传承转化效应,认为中国的崛起对美国和世界是一种巨大的威胁,要防范中国;第二,"中国崩溃论"(日本,丸川知雄)。这种观点贬低了中国家国情怀的传承效应,认为中国的崛起是虚假的崛起,这种虚假的崛起掩盖了中国即将崩溃的实质;第三,"文明冲突论"(美国,塞缪尔·亨廷顿),这种观点丑化了中国家国情怀的传承效应,认为中华文明崛起将会与伊斯兰文明一起同西方基督教文明发生严重冲突;第四,"陷阱论"。这种观点诬化了中国家国情怀的传承效应,有的认为中国快速发展将会陷入"中等收入陷阱"(美国,Klaus Schwab);有的断言中国崛起会陷入"修昔底德陷阱"(美国,雷厄姆·艾利森);还有的鼓吹中国会陷入"塔西佗陷阱"(美国,Reverend.via)。总之,这些观点将当代中国家国情怀的传承转化与中国综合国力的发展提升和与国际社会的关系和影响联系起来,成为揭示中华文明在新时代崛起的新的理论视角。当然,中国崛起的因素有许多,其中中华民族家国情怀的传承与转化在中国崛起中的作用不可忽视。

(二)国内研究概况

国内学者对中华民族家国情怀传承的研究成果表现在学术著作和公开发表的论文中,主要集中在三个方面:一是名人传记对中华家国情怀传承的立体呈现,二是从多学科视角研究中华家国情怀的传承,三是对中华家国情怀传承转化的研究。

1.名人传记对家国情怀传承的立体呈现

近年来出版的以家国情怀为名或以家国情怀为主题的图书比较多。这些书籍以生动的家国情怀故事全面展现了我国各个学科为国家做出突出贡献的人物。如张宝明、刘云飞的《百年独秀书生革命家的家国情怀》(2024年),李步云的《红色基因与家国情怀(李步云访谈录)》(2022年),张建明、冯仕政的《家国情怀 知行合一:纪念郑杭生先生》(2020年),赵永新的《三代科学人》(2019年),陈延斌、杨威的《家国情怀:中华优秀传统家风文化》(2018年),汪兆骞的《民国清流:大师们的抗战时代(民国大师们的集体传记系列04)》(2017年),乔新华、行龙的《道德济世:晚明泽州东林士人的家国情怀》(2016年),于漪的《家国情怀/青青子衿传统文化书系》(2016年),《家风家教家训系列丛书·上海市家庭教育系列教材:家国情怀》(2016年),江山的《家国情怀 大师风范:"两弹一星"元勋郭永怀》(2016年),匡长用的《两汉长者的从政理念与家国情怀》(2015年),王谨的《家国情怀——王谨散文选/万象文库》(2015年),邹煜的《家国情怀:语言生活派这十年》(2015年),杨文学的《家国情怀》(2014年),李肇星的《生命无序:

李肇星的家国情怀》(2011年)等。这些著作主要涉及文学、历史学、教育学等领域,表现各学界人物的家国情怀或文艺作品的家国情怀,或对教育对象进行家国情怀教育。它们或以个人成长发展为维度来展现个体家国情怀,或以特定时代背景下的群体风貌来展现家国情怀,或从事业奋斗过程和作品中来展现人物的家国情怀。这些人物传记反映了不同时代人们的家国情怀,呈现了中华民族家国情怀传承的典型案例,为中华民族家国情怀的历史传承标定了历史坐标。

2.从多学科视角研究中华家国情怀的传承

除人物传记式的作品之外,与家国情怀相关的家国关系、家国制度演变的研究成果也比较多,主要集中在社会学、民俗学和政治学。如福建省炎黄文化研究会编的《朱子理学与家国情怀——安海朱子文化研讨会论文选编》(2023年),李其荣编著的《华侨华人家国情怀与文化认同研究》(2021年),刘哲昕的《家国情怀:中国人的信仰》(2019年),高洪波的《北国少年行》(2019年);米歇尔·克罗齐耶、埃哈尔·费埃德伯格的《行动者与系统:集体行动的政治学》(张月,2017年);阎云翔(作者),龚小夏(译者)的《私人生活的变革》(2017年);安旭的《新叶村:宗族政治的理想标本》(英语)(徐成钢等译,2016年);杨光斌的《习近平的国家治理现代化思想:中国文明基体论的延续》(2015年);许章润、翟志勇的《历史法学(第十卷):家国天下》(2015年);李世化的《大汉权鉴:刘氏王朝家国天下》(2015年);杨开道的《中国乡约制度》(2015年);岳晗的《华夏文库儒学书系·家国情怀:儒家与族谱》(2014年);冯尔康的《中国古代的宗族和祠堂》(2013年);王宇的《国族、乡土与性别》(2014年);劳格文、科大卫的《中国乡村与墟镇神圣空间的建构》(2014年);应星的《农户、集体与国家:国家与农民关系的六十年变迁》(2014年);贺雪峰的《新乡土中国(修订版)》(2013年);张仁善的《礼·法·社会：清代法律转型与社会变迁(修订版)》(2013年)；冯尔康、阎爱民的《宗族史话》(2012年)；肖唐镖的《宗族政治：村治权力网络的分析》(2010年)；杨华的《绵延之维：湘南宗族性村落的意义世界》(2009年)；陈柏峰、郭俊霞的《农民生活及其价值世界：皖北李圩村调查》(2009年)；陆益龙的《户籍制度：控制与社会差别》(2003年)等。这些著作从不同角度研究了中华民族家国情怀及其传承问题，有的从家庭宗族、有的从社会风俗、有的从户籍制度、有的从文化信仰角度阐释了个人与家国的关系，展现了家国情怀的社会历史环境、制度文化环境，为准确把握研究对象家国情怀的传承转化、发展规律、时代特点、特征风貌提供了依据。

除学术著作外，各学科为数不少的论文成果也对中华民族家国情怀的传承问题展开了研究。在中国知网学术期刊文库中(截至2025年6月29日)，以"家国情怀的传承"为篇名的文献有52篇，分布在2014～2025年；以"家国情怀的传承"为主题的硕士论文有389篇，主要集中在2016～2025年；以"家国情怀"为篇名的文献有2048篇，分布在2003～2025年，近九年都在百篇以上，其中以2021年为峰值(977篇)。可见近十年学术界对家国情怀的研究形成了热点。从学科分布来看，现有研究成果主要集中在文学、教育学、政治学和史学等学科；从研究领域分布看，主要分布在中等教育(3224篇)、高等教育(537篇)、初等教育(409篇)、思想政治教育(344篇)、中国文学(325篇)、戏剧电影与电视艺术(217篇)六大领域。从以"家国情怀"为题名的博硕士论文来看，共有85篇，其中博士论文有7篇，焦洋的《笔情墨象中的家国情怀——刘大为写实人物绘画研究》(2013年)是最早的一篇；硕士论文，如，范洋洋的《中学历史教学中家国情怀的培养研究》(2019年)，陈杰的《地理课程"家国情怀"培养研究》(2017年)，张凤格的《古诗文家国情怀教育初探》(2016年)等。这些博硕士论文主要从美术学、文学、教育学(中学语文、历史课程教学、地理课程、政治课程)来研究作品所具有的家国情怀以及如何在中学教学中培养学生的家国情怀问题,但并未对家国情怀本身作深入的学理性、综合性研究。一些以家国情怀传承为主题的论文集中在中华民族家国情怀的教育传承、传承路径、传承内容方面,但在揭示中华民族家国情怀传承规律、特征、传承转化关系等方面未有触及或研究不够深入。

3.对中华家国情怀的传承与转化研究

国内学者对中华民族家国情怀的传承转化研究主要有六种观点:第一,"传承兴国论"。这种观点认为中华民族家国情怀的传承能够促进国家兴旺,它关注中华民族家国情怀的传承与国家稳定发展之间的关系。例如,潘维的《百年未有之大变局与中国共产党》(2019年);江山的《家国情怀 大师风范:"两弹一星"元勋郭永怀》(2016年);匡长用的《两汉长者的从政理念与家国情怀》(2015年)。第二,"传承重构论"。这种观点认为中华传统文化既需要传承其精华,也需要在"集感恩与担当于一体"的价值意识、公共空间意识、自律意识、"民生为先、国家为重"的现代准则等方面进行重构。如,刘紫春、汪红亮的《家国情怀的传承与重构》(2015年)。第三,"缘聚传承论"。这种观点认为中华民族家国情怀的传承既要注重血缘、地缘的传统传承,也要注重当代业缘认同和趣缘认同的传承。例如,张倩的《家国情怀的传统构建与当代传承——基于血缘、地缘、业缘、趣缘的文化考察》(2018年)。第四,"史制传承借鉴论"。这种观点认为中华传统家国文化制度可供现代社会传承借鉴,它关注历史人物的家国情怀与家国文化制度的关系。例如,汪兆骞的《民国清流:大师们的抗战时代(民国大师们的集体传记系列04)》(2017年);乔新华、行龙的《道德济世:晚明泽州东林士人的家国情怀》(2016年)。第五,"促进多民族融合论"。这种观点认为中华民族家国情怀的传承促进了多民族融合,它关注中华家国情怀的传承与民族发展之间的关系。例如,于漪的《家国情怀/青青子衿传统文化书系》(2016年);王谨的《家国情怀——王谨散文选/万象文库》(2015年)。第六,"促进文化自信论"。这种观点认为中华民族家国情怀的传承促进了中华文化自信,它站在多层的社会、个体自由的立场去诠释家国情怀和文化自信。例如,许纪霖的《家国天下:现代中国的个人、国家与世界认同》(2017年);肖唐镖的《宗族政治:村治权力网络的分析》(2010年)。

(三)研究评析

从这些研究成果的内容和特征来看,主要有三个特点:一是多学科实例性成果丰富,二是采用跨学科研究方法,三是缺乏综合性、学理性、深层学术性研究成果。

首先,各学科对中华民族家国情怀传承的实例性研究成果较丰富。当前学术界许多研究成果往往采取就某一具体实例进行家国情怀传承的阐述,以纪实性、文学性作品居多。马克思主义理论、政治学、历史学等学科的学者多从本学科涉及的历史人物进行家国情怀传承方面的研究,这些成果包括革命家、英雄人物、社会贤达、企业家、艺人、干部、学者等的家国情怀。例如,王颖的《杨开慧家国情怀之源》,阮东彪的《蔡和森的家国情怀》,赵毅的《中国古代家训与士大夫的家国情怀》,于欣的《论康有为家国情怀的时代价值》,殷晓章的《空战英雄杜凤瑞与胞兄的家国情怀》,羌建的《张謇慈善公益事业的家国情怀》,陈芳的《杂技艺人的家国情怀》,吕静的《家国情怀——胡耀邦过春节》,朱文武的《习近平家风建设思想探析》,李永林的《留美博士李乐东:文化传播者的家国情怀》等。文学、文艺学、文史学、影视传媒学等学科的学者则重在研究文学作品(如诗歌、小说、电视剧、央视元宵晚会、曲剧等)中人物所展现出的家国情怀。例如,曾美桂的《论〈诗经〉战争诗的家国情怀和忧患意识》,半塘月的《感天动地家国情怀—读梁晓声〈我相信中国的未来〉》,砖贤德的《家国情怀,英雄赞歌——简评王旭峰的长篇纪实文学〈家国书〉》,程致中的《草根英雄叙事与家国情怀抒写——电视连续剧〈闯关东〉的史诗性品格》《于右任〈望大陆〉的家国情怀》,谢晓霞的《一个俄罗斯导演的家国情怀——纪录片〈安娜〉》等。社会学、心理学、宗教学、哲学等学科的学者则从重要哲学社会科学人物在重大历史事件中所表现的家国情怀来进行研究。例如,田峰的《试析唐玄奘的国家情怀及其文化心态》,茅文婷的《社会知名人士的家国情怀》等。

其次,在家国关系与家国情怀传承相关理论研究方面实现了研究方法和创新成果的突破。在方法方面,实现了由单一学科向多学科、跨学科研究的方法转换;在成果上也实现了多学科融合与丰富的状态。例如,舒敏华的《"家国同构"观念的形成、实质及其影响》就是综合运用了政治学、历史学、文化学、道德伦理学等多学科方法的学术成果。文章认为家国一体是古代中国特定历史条件下的产物,由于家国同构,它将出于人类自然情感的孝顺与对家国和君王的忠诚结合起来,力图使其政权在人伦情感中保持合法性,这就从学理上初步研究了家国同构、家国一体与家国情怀传承的逻辑关系。柳俊杰的《"家国一体"与中国古代伦理政治分析》也是多学科、跨学科的研究成果,文章综合运用政治学、伦理学、历史学、文化学研究方法,研究了中国传统社会的政治伦理问题,加深了人们对古人产生家国情怀的社会制度、文化背景的理解。林建华的《家国情怀与民族凝聚力》更是一个跨学科的创新研究成果,它集马克思主义方法论、政治学研究视角、文化学研究内容于一体,展现了民族凝聚力的独特魅力。

最后,当前关于家国情怀传承的抽象理性研究成果还有待丰富和完善。从目前公开发表的学术文章来看,在权威期刊上专门针对家国情怀传承的理论研究成果不多,缺乏从马克思主义理论视角深入分析中华民族家国情怀传承转化规律。现有成果有:唐爱军的《家国情怀与民族精神》,刘紫春、汪红亮的《家国情怀的传承与重构》,陈晓莉的《中国梦的家国情怀》等。这些成果认为:中华民族家国情怀的传承在不同的时代有着不同的内涵和传承话语形式,中国梦是当代话语形式的家国情怀,是对传统大同理想的现代传承转化;中华民族家国情怀的传承对于形成民族凝聚力、树立民族自信、抵制历史虚无主义等方面都具有重要的作用。此外,"大学生家国情怀"培养涵育的著作、文章还比较少,典型著作有:焦艳的《新时代大学生家国情怀培育研究》(2024年),杨建义的《家国情怀——与大学生面对面》(2019年),钟立明的《大学生家国情怀教育简明读本》(2017年)。典型文章有如下几篇:何佳丽的《新时代大学生家国情怀培育研究》(2019年),吕成祯、钟蓉戎的《大学生家国情怀与国际视野的培养路径——基于竺可桢人才培养理念的启示》(2016年),张斌、段周燕的《家国情怀的当代培育》(2015年),贾付强、赵春风的《论家国情怀的当代价值及其教育》(2016年)。总体上看,国内学术界对中华民族家国情怀的传承的研究成果既有对历史人物、革命家、科学家、英雄劳模等人物的家国情怀刻画、对重大事件中群体所表现的爱国情怀的描述、对古诗文作品中所表达的家国情怀的分析,也有各学科学者从跨学科视角、运用多学科融合方法对家国情怀及相关问题的研究与分析,相关学科也从家庭家族演化、家谱传续、家教家风、宗教文化习俗、国家户籍制度等角度研究了家国情怀传承的社会制度环境相关问题。

总之,国外相关领域研究成果富有理性,研究深刻,但往往带有价值观偏见,借鉴意义有限。从总体研究趋势来看,国外学者对中国家国情怀传承与文化自信的关注多是站在西方的价值立场,戴着"有色眼镜"看待中国文化和崛起,其研究是为西方社会服务的,他们的文化理论是建立在资本主义意识形态基础之上的,其观点往往带有西方价值观的偏见。在中华民族家国情怀的传承研究方面,诠释家国关系、国家理论的成果多,但从中华传统文化角度诠释家国情怀传承的功能、效用方面深入的专业理论成果还不多见。国内研究在中华民族家国情怀传承兴国、史制借鉴、促进民族融合、树立自信等方面成果不少,但在家国情怀的传承学理、传承规律、传承条件、传承路径、传承载体研究等方面还有挖掘空间。国内学术界对家国情怀传承的研究成果主要集中在政治学、历史学、民族学、文化学等方面,这些成果的文化价值和社会学、心理学价值不容低估。但是尚未发现揭示家国情怀传承系统内在规律的成果,这将成为未来此领域研究趋势和本书研究的重点。

三、研究方法与创新

(一)研究方法

1. 研究切入点:从当前家、国、社会中的基本问题切入

本书站在中华文化自信重构的视角,从当前家庭、国家、社会中存在的基础性问题切入,例如家国情怀中民族性格、民族习惯、家国意识的一些基础性家国文化要素、基础性家国话语习惯、基础性家国文化思维习惯、基础性家国生活环节、基础性家国活动行为符号以及象征意义入手进行研究。

2. 研究的路径:基本问题—理论探究—实践对策

本书通过搜索、追踪家国情怀传承的基础性问题,探究、梳理家国情怀传承历史理论,推衍、发掘家国情怀传承历史发展规律、机理,提出家国情怀传承转换政策措施与建议,从而发挥家国情怀在涵养中国特色社会主义核心价值观中的作用。

3.研究方法的选用

第一,文献研究法。通过对家国情怀相关研究的历史文献、电子资料、著作论文、碑石墓刻、钟鼎铭文等记述和各种历史实物、影像日记、流传故事等梳理,搜集第一手研究资料,并作分门别类的整理,做好记录的存档、录入工作,为进一步深入研究、引用论证做好准备。

第二,比较研究法。通过对家国情怀相关概念比较辨义,家国关系理论中忠孝不同价值取向的比较,家国情怀的不同层次、不同结构、不同价值取向的细微比较和家国情怀传承的不同方法、进路、效果的比较,剖析不同时代家国情怀的适用环境、状态特征,以期准确掌握中华家国情怀传承发展规律,为服务现代文化发展所用。

第三,案例剖析法。在掌握大量历史文献资料、现实调研资料和深入访谈资料基础上,围绕家国情怀这一主题,选取合适的研究视角,进行案例比较与剖析,从中发现异同,探索事情前因后果,概括特征风貌,指出问题实质,得出规律性见解和观点结论。

(二)学术创新

本书围绕中华民族家国情怀的传承与转化这个中心问题进行研究,初步回答了什么是家国情怀?中华民族家国情怀内涵有哪些?中华民族家国情怀有何特征?中华民族家国情怀具有怎样的文化结构和价值结构?中华民族家国情怀的基本理论体系是什么?中华家国情怀在传统社会是如何传承发展的?其发展动力源自哪里,中华家国情怀在当代如何传承转化与发展?在如下三个方面作了创新性努力:一是努力构建家国情怀的基本概念和研究理论体系;二是努力廓清中华家国情怀的历史传承发展过程,揭示其传承转化规律;三是努力探究中华家国情怀在现代传承转化规律,揭示其与当代文化结合的发展规律。

1.学术思想创新特色:承家国文化古韵,发时代文化新芽

本书在传承中华传统家国文化及其与马克思主义中国化结合方面有一些创新性的尝试和努力,具体表现在以下三个方面:第一,本书建构了中华民族家国情怀的"元初理论、价值结构理论、传承理论",这些理论有助于分析中华传统家国情怀何以绵延传承至今并开创未来文化发展路向;第二,本书厘清了中华民族家国情怀传承的历史脉络:亲亲礼民—尊礼治国—纲常道统,这些梳理有助于人们精准把握中华家国情怀历史发展规律;第三,本书廓清了中华民族家国情怀的时代传承转化:路向传承—文化动力—目标追求,这些分析有助于人们明确中华传统文化未来发展方向。从本书学术思想特色看,本书具有以古承新的特色;从学术思想内容来看,本书通过传承民俗国礼古韵,发新时代家国礼俗新芽;通过传承家伦国制古韵,发新时代平等法治新芽;通过传承家风国魂古韵,发新时代社会和谐新芽。

2.学术视角创新:从家国情怀传承的学术角度系统诠释"忠孝源家,仁和泰国"的观点

本书综合运用文献研究法、比较研究法和案例研究法,探索研究了中华家国情怀的传承历史渊源、发展脉络、基本走向,阐明了传承发展中华优秀传统文化是建设中国特色社会主义事业的实践之需,阐明了丰富多彩的家国文化是中华文化的基本构成,阐明了中华文明是在与其他文明不断交流互鉴中丰富发展的,力争在构建有中国底蕴、中国特色的思想体系、学术体系和话语体系方面有所创新。在学术研究的过程中,在以下方面开展了创新性的尝试和努力：第一，从家国情怀传承的学术角度系统诠释了"忠孝源家，仁和泰国"的观点，提出了家国情怀的"三层四维"文化结构特征；概括了家国情怀"浑分统和"的历史阶段特征；归纳了"随风而传，应时而化"的传承转化特征，这三大特征的研究为后续掌握家国情怀的传承转化规律打牢了坚实的理论基础。第二，系统总结了"主体自由、民族和睦、文明提升"的家国情怀历史衡量标准，这一研究为从历史角度掌握家国情怀传承转化规律树立了核心标尺；第三，勾勒了家国情怀传承的主线：从"基于孝、荣于忠、尊于礼"到"平等、自由、和谐"，这一研究将全书内容紧密联系在一起。

第一章 家国情怀的内涵、结构与特征

家庭、国家的产生是人类社会文明的标志,象征着人类社会物质文明、精神文明和制度文明进入了一个崭新的发展阶段,承载着人们丰富的家国情怀。研究中华民族家国情怀的传承规律,首先需要对家国情怀这个概念进行科学界定,搞清楚其内涵、文化结构和基本特征。

一、家国情怀概念与辨析

家国情怀起源于人们对家庭和国家的情感、责任、抱负的理解和理论阐释,反映了具体时代背景下,家庭与国家制度、文化变迁对个体和群体境遇、心理、志向的影响,它是具体历史时代的物质文化、精神文化和制度文化在主体心理上的回顾、激励和综合反映。家国情怀既是个体对家庭的依恋与对国家热爱之情的表现,也是群体对家国共同体意识保持和发展的体现,饱含着家国体制下的个体和群体对家国荣辱的情感激荡以及对家国共同体集认知、感念、理悟和实践于一体的情怀。与家国情怀有关的概念主要有爱国主义、中国精神、家风国魂,这三个概念都有爱国的含义和内容,具体区别是,家国情怀侧重于个体情感,爱国主义侧重于理论体系,中国精神侧重于精神传承,家风国魂侧重于集体价值。

（一）家国情怀

"家国情怀是生命主体对家国命运共同体的一种认同和崇奉,表现的是社会成员对民族大家庭的一种坚守和保护,彰显了一种使国家纵然置身危亡绝域、民族纵然身处苦难险境而终能慨然不败的精神凝聚力,它展现了人们对国家认同感、归属感、危机感、荣耀感和使命感的高度融汇和系统集成,可谓是一种深层的文化心理密码。"①从文化发生结构看,家国情怀涵纳了恋家情怀、爱国情怀和家国一体情怀;从文化价值结构看,家国情怀统合了家国组织共同体、家国伦理共同体和家国利益共同体,因此,家国情怀是恋家情怀与爱国情怀的辩证统一体,是主体对家和国的思念热爱之情的统一聚合表达,既表达了对家庭这个国家基础的重视之情,也放眼国家这个集体利益的升华,追求的是一种家齐国治、国泰民安、互利共兴的和谐境界,其内容再现了家庭与国家这对利益共同体在物质文化、精神文化和制度文化上的辩证统一关系。家国情怀的核心要求是在家尽孝、为国尽忠,是主体对家国关系辩证统一的具象表达,也是对亲情仁爱关系推己及人的社会升华。家国情怀的概念是基于对家和国概念的历史文化研究而得出的,为避免重复,这里仅仅给出了概念,其深刻内涵、结构、特征和历史文化发展方面的内容将在后文详述。

（二）爱国主义

爱国主义和家国情怀都与爱国有关,都跻身于爱国教育场合,也都可以表达主体对自己祖国所饱含的满腔爱国热情。比较两个概念,它们既有

---

① 刘松:《主体自由、民族和睦、文明提升:家国情怀的历史衡量三维标准探析》,《山东社会科学》,2019年第5期。

区别,也有联系。

从两个概念的不同来看,主要有三点:一是两者的性质不同。家国情怀是一种基于价值的情感体系,爱国主义则是一种基于情感、关系和价值的理论体系。家国情怀是恋家情怀与爱国情怀的辩证统一体,是主体对家和国的思念热爱之情的统一聚合表达,是其对家国利益矛盾对立统一体在物质文化上的辩证表征,是其对家道观念和治国理念在精神文化上的理论贯通表现,也是其对家道规矩和治国体制在制度文化上的行为选择和价值绽放。家国情怀的核心在于对家之孝与对国之忠,是一种孝忠礼敬的情感表达体系。"爱国主义体现了人们对自己祖国的深厚感情,揭示了个人对祖国的依存关系,是人们对自己家园以及民族和文化的归属感、认同感、尊严感与荣誉感的统一。它是调节个人与祖国之间关系的道德要求、政治原则和法律规范,也是中华民族精神的核心。"[①]爱国主义是一种集个体与祖国之间情感、关系和价值的理论体系。二是两者追求的目标各有所侧重。爱国主义侧重于国家,认为家的利益要绝对服从国的利益;家国情怀则侧重于追求家与国的和谐统一关系,既重视用国家力量来捍卫家庭合法权益,也歌颂个体舍家为国的伟大气概和无私追求,但更重在合理权衡两者的关系,追求两者利益和谐统一、互惠共荣。家国情怀不仅回溯过去,而且指向未来。爱国主义则更多地指向未来目标。三是两者内容不完全一样、内容生发的主动性不同。家国情怀是主体由衷的主动感发,其内容包括恋家情怀与爱国情怀以及两者的辩证统一关系,它是家国辩证关系在主体心理情感上的投射和反映,涉及"主体对家国共同体在家国关系、家国结构、家国

---

① 本书编写组:《思想道德修养与法律基础》(2018年版),高等教育出版社,2018年,第55页。

意识等方面的认知、感念、理悟和实践"①等多方面文化内容,其内容再现了家庭与国家这对利益共同体在物质文化、精神文化和制度文化上的辩证统一关系;爱国主义虽然也包括主体对祖国的热爱之情,但其重点内容则是由外而内地对主体提出的爱国规范和要求。

两者的共同点和联系有三点:一是两者共同为国家繁荣发展保驾护航。不论是爱国主义还是家国情怀,两者的价值理念和目标取向都是激励主体为国效力、报效祖国,因此,两者的志向是一致的。二是两者都是保持个人与国家之间热爱之情的有力手段。爱国主义从主体外在要求保持了个人对祖国的热爱之情;家国情怀从主体内在感念生发出对家国的热爱之情,虽然使用的手段和方式不一样,但所要达到的目的是殊途同归的。三是两者都是开展爱国教育的有力武器。开展爱国教育离不开爱国主义的理论宣传,更不可缺少家国情怀的情感植入,两者相辅相成,共同为爱国教育提供帮助。在两者的关系上,爱国主义为家国情怀确立主心骨,家国情怀为爱国主义增加宣传感染力;家国情怀以爱国而塑造爱国主义,爱国主义依家国情怀而广为传播,爱国主义为家国情怀提供了价值标尺和方向指引,家国情怀使爱国主义更加感同身受,能够使爱国主义更加广泛和深入地扎根每个个体心灵。

(三)中国精神

中国精神和家国情怀在精神文化层面有交集。中国精神是"民族精神和时代精神的统一,是兴国强国之魂,是实现中华民族伟大复兴不可或缺

---

① 徐国亮、刘松:《三层四维:家国情怀的文化结构探析》,《四川大学学报》(哲学社会科学版),2018年第6期。

的精神支撑和精神动力"①。"民族精神,是一个民族大多数成员所认同的价值取向、思维方式、道德规范、精神气质的总和,是一个民族赖以生存和发展的精神支柱"②,其内容包括"伟大创造精神、伟大奋斗精神、伟大团结精神、伟大梦想精神"③。"时代精神是一个国家和民族在新的历史条件下形成和发展的,是体现民族特质并顺应时代潮流的思想观念、价值取向、精神风貌和社会风尚的总和,是一种对社会发展具有积极影响和推动作用的集体意识。"④

家国情怀与中国精神既有联系,也有不同。不同点有三点:一是两者的性质不同,家国情怀属于情感体系,中国精神属于精神体系。二是两者核心内容与价值追求的具体内容有所不同。家国情怀的核心内容是主体对于家的孝和对国的忠,其追求的价值理想在于以身报国和国泰民安;中国精神的核心内容是民族精神与时代精神,其提出的价值理想在于爱国和创新。三是两者的实践路径有所不同,家国情怀的实践路径在于修己安人和经邦济世;中国精神的实践路径在于团结统一和革故鼎新。

两者联系体现在三个方面:一是从两者的构成与相互作用看,爱国情怀在精神文化方面的追求内容是中国精神的重要组成部分,中国精神为爱国情怀提供了丰富的精神文化方面的理论导向,即家国情怀升华了中国精神;中国精神引导着家国情怀。二是从历史与未来的关系看。一方面,历

---

① 本书编写组:《思想道德修养与法律基础》(2018年版),高等教育出版社,2018年,第45页。

② 本书编写组:《思想道德修养与法律基础》(2018年版),高等教育出版社,2018年,第45页。

③ 本书编写组:《思想道德修养与法律基础》(2018年版),高等教育出版社,2018年,第45~46页。

④ 本书编写组:《思想道德修养与法律基础》(2018年版),高等教育出版社,2018年,第46~53页。

代爱国人士的家国情怀汇聚成为中国历史文化的主流精神,构成了中国精神的鲜明内容,这是着眼于历史文化的传承角度;另一方面,中国精神激励着更多中华儿女为实现伟大的中国梦而努力奋斗,展现新一代中华儿女豪迈的爱国热情和家国情怀,这是着眼于未来发展的角度,即家国情怀的历史汇成中国精神,中国精神激励家国情怀奔向未来。三是从两者的功能看,两者都是开展爱国教育的有力手段。开展爱国教育需要大力弘扬中国精神,也需要激发每个个体内心的家国情怀。

(四)家风国魂

何谓家风国魂?"家风,又称门风,指的是家庭或家族世代相传的风气、风格与风尚,它包括家族所奉行的道德规范、所崇尚的风骨气节、所遵循的行为准则、所追求的价值标准、所沿袭的生活方式以及家庭中所特有的文化氛围、生活习惯、言行规矩和禁忌等,共同构成的一种相对稳定并世代承袭的文化风尚。"①国魂是"国家灵魂,国家品格,民族精神,民族传统,国家、民族精粹的艺术表达……国魂的核心是强烈的爱国主义,国魂的'基因'是高超的文字语言,国魂的感性体现的是丰富动人的情感,国魂的理性体现是开拓活跃的思维,国魂的精髓就是广博深刻的哲理"②。由此看出,家风国魂实际上是一个民族在家庭、家族和国家的文化活动中所表现出的价值理想、精神气质、道德规范、风尚格局,其核心在于价值观的传承。

家国情怀与家风国魂有三个方面联系:一是两者价值互联,家国情怀积聚家风国魂载入史册,家风国魂展现出家国情怀的具体形象;二是两者内容互相联系;三是两者传承攸关,践行家国情怀以承家风国魂,宣传家风

---

① 徐国亮:《中国百年家风变迁的内在逻辑》,《山东社会科学》,2019年第5期。

② 杨叔子:《国魂凝处是诗魂》,《华中科技大学学报》(社会科学版),2009年第6期。

国魂以育家国情怀。总之，两者在价值追求方面有交集，都传达了爱国惜家、保家卫国的价值理念，都怀有对祖国、对家庭的热爱之情，都依靠教育宣传、修养践行来传承光大。相比较而言，家国情怀更多地侧重于个体在履行家国责任中，以情感为主要表达方式的价值观升华；家风国魂更多地侧重于大历史视角的集体价值观的传承和弘扬。家国情怀重在对主体孝亲忠国的情感认同与赞美；家风国魂重在对群体保家卫国、爱国惜家的价值理念的升华。

综上所述，家国情怀与爱国主义、中国精神、家风国魂这几个概念都表达了对家庭、对国家的热爱之情，都倡导忠孝和济世的价值理念，都提出了忠孝仁爱的具体要求，都围绕保卫家国利益衍生出了各自具体的实践路径。相比较而言，家国情怀重在情感的表达与渲染，爱国主义重在理论的辐射与践行，中国精神重在精神的凝聚与传承，家风国魂重在家齐国治的文化价值气韵的升华和传扬。

二、家国情怀的内涵

家国情怀始于对家的认识与感念，家庭成员按照血缘关系世代相聚在一起就形成家族，家族通过征战、婚姻等手段逐渐拓展对领地资源的控制，在征战中俘获了对方家族成员以为奴，于是在家族内部及家族之间出现了统治、奴役、剥削等新的关系，为了维持这种关系，家族里就出现了专门的暴力机构和人员，家族就转变为国家政权，形成了国。在为家、国开疆拓土、向四周不断扩展征战的过程中，往往不得不忍受各种各样的分离和变迁，家国情怀得以产生。家国情怀的内容围绕家国生产、生活实践活动展开，由恋家情怀逐步发展为爱国情怀和家国情怀，它是物质文化、精神文化和制度文化在主体心理上的回顾、激励和综合反映。

(一)恋家情怀:孝亲思乡

恋家情怀源于家庭,是对主体念亲思乡的写照。恋家情怀随着家庭的产生而产生,伴随着家庭生活、生产活动的变迁而显现,其内容再现了家庭与物质文化、精神文化与制度文化之间的紧密联系。

第一,恋家情怀是对家庭物质文化的再现。家庭并不是同人类和人类社会一起产生的,它是物质文化发展到一定阶段的产物。在血族群婚家庭出现之前,人类社会是一个杂婚的社会。"昔太古尝无君矣,其民生聚群处,知母而不知父,无亲戚、兄弟、夫妻、男女之别,无上下、长幼之道,无进退、揖让之礼,无衣服、履带、宫室、畜积之便,无器械、舟车、城郭、险阻之备。"①原始社会群居只能勉强满足基本的生活需要,相互配合劳作和平均分配劳动产品的过程中产生了社会关系,这时人们只知有公不知有私,过着随遇而安的生活,所有人都"未有宫室,冬则居营窟,夏则居橧巢;未有火化,食草木之实,鸟兽之肉,饮其血,茹其毛;未有丝麻,衣其羽皮"②,所有人都赤诚相见,也无羞耻可言;在婚配繁衍问题上,"男女杂游,不聘不媒"③,有对自然的初步认识和对蛮蒙群居生活的朦胧情感,却还不曾有对家的思念之情。直到原始祭祀崇拜活动产生,人类开始有目的、有计划地圈养家畜和种植农作物,社会物质财富的积累有了一定盈余,私有产品出现,家庭得以产生。在古代一个家庭产生必须具备三个基本条件,其一是有一定数量生理成熟的两性人口,其二是有一定的物质财富基础(例如,圈养一定数量的

---

① 《吕氏春秋·恃君览》。
② 《礼记·礼运》。
③ 《列子·汤问》。

猪、狗、鸡等家畜），其三是有一个共同的祭祖文化单元（包括家姓图腾、祭祀场所、原始宗教仪式活动等）。这些条件藏匿在"家"的造字结构之中。古"家"字从"宀"，"宀"下或从"豕"，或从"犬"，或从"亥"。"家"的原意当为畜养猪（或狗）的屋子。一说"家"为祭祀祖先之庙中的正室，因供品通常是猪和狗，故"家"或从"豕"，或从"犬"。祭祀祖先在商周时代是特别隆重的家庭活动，经过"庙见"拜告祖先得到祖先认可后，新妇才可算作家庭成员，家庭后代才能融入祖先的血统之中。于是，家就逐渐具备了基于婚姻、血缘的社会组织基本单位的意义。家庭的产生昭示着人类物质文化活动和精神文明活动达到了一个新的高度。人类社会早期形态"血族群婚家庭"的出现，标志着与公相对立的私的出现。公与私的划分，促进了人类私人占有欲、个性化情感和私人心理活动的大发展。当与所处时代相适应的婚姻家庭被组建起来之后，社会主体就沉浸在幸福的婚姻家庭生活和共同劳作生产的喜悦之中，生活和生产活动场景的具象就刻画在每一个家庭成员私人的记忆之中。一旦因为外界某种原因打破或者暂时中断这种场景活动，例如经历了野外长途狩猎奔波，或是旷日持久的氏族部落间奔袭和征战，劳碌的人们不得不待在野外艰苦的环境中，孤寂地等待和守候、离别的煎熬就会在心头催生出浓浓的思亲恋家之情。留守家中的妻儿老小也会期盼着外出征战、劳作的亲人回到家中，在漫长的等待中，他们脑海里会浮现出一家人快乐生活的场景。由此看出，恋家情怀是家庭成员对家庭物质和文化活动的心理反映。

第二，恋家情怀也是对家庭精神文化的再现。从精神文化角度看，恋家情怀应该包括两个方面的内容：一是对家庭与社会精神文化互动关系变化的感触，二是对家庭独特精神文化的回味和依恋。所谓精神文化，是作为观念形态的，与经济、政治并列的，有关人类社会生活的思想理论、道德风尚、文学艺术、宗教信仰等方面的内容。从内容来看,家庭精神文化现象主要表现在家庭精神文化与社会的关系和家庭独特的精神文化"两个方面。这就决定了恋家情怀在精神文化方面的内容。首先,恋家情怀是对家庭精神文化与社会关系变化的反映。众所周知,社会的精神文化面貌是由一个个家庭乃至个体成员的精神面貌来呈现。家庭里孝老敬亲、悌长惜幼,社会上就乡邻友善、忠孝仁爱;家庭和谐、家庭成员关系和睦势必折射出社会和谐的精神面貌;家庭团结、成员积极进取、乐观向上,整个社会就生机勃勃、兴旺发达;相反,家庭成员互相冷漠、仇视,社会上就冷酷无情,甚至挥刀相向。所以,社会是家庭精神文化面貌的缩影。反过来,社会也会影响家庭精神风貌。良好的社会风气、社会习俗、社会伦理能够塑造素朴纯正的优良家庭精神风貌。如果社会风气好,即便是有少数一些不良的家风在良好的社会舆论的化导下也能够逐渐得到矫正;如果整个社会风气不好,好的家风也长久不了。当人们感到社会风气逐渐向好的方向发展,家庭风貌也逐渐好转时,人们是不会怀恋过去那个落后的家风,也就不会产生恋家情怀;相反,当人们感觉社会风气日益下降败落、家风也逐渐沉沦凋零,人们就开始怀恋以前的家风、世风,也就会产生恋家情怀,他们怀念的是过去那种良好的家庭精神环境。这正反映的是家庭精神文化与社会的关系变化。其次,恋家情怀是对家庭独特精神文化的回味和依恋。能够引起家庭成员恋家情怀的精神文化方面的原因主要有三个:一是家道的分裂,家庭凝聚力、向心力的失去;二是浓浓的爱情被平淡的亲情所代替;三是各种条件制约下的家庭成员分散生活。如果一个家庭,有的家庭成员因为背离了家庭共同价值观或者道德规范,导致家庭成员关系的紧张、分裂,最后整个家庭精神共同体四分五裂,家庭失去凝聚力。这时,家庭成员向往美好家庭生活的恋家情怀就表现得格外突出,家庭成员就特别期待回到以前家庭气氛融洽、欢乐融融的阶段,或者羡慕别人家庭优越、富裕、祥和的生活而嫌弃自己家。另一种情况是,随着家庭生活的演进,新婚燕尔时期浓浓的爱情生活逐渐被家庭生活琐事所替代,情感上变得平淡,柴米油盐酱醋茶代替了风花雪月,于是怀念往昔的恋家情怀就油然而生。还有一种情况是,由于工作、学业、婚变、身体健康状况、志趣变化、性格调适、意外灾难等原因造成家庭成员的共同生活空间上的区隔或疏离,逐渐导致家庭成员精神文化上的疏离、淡漠,也会引起家庭成员强烈的恋家情怀。综合以上两方面的情况来看,恋家情怀是家庭成员对家庭精神文化真善美的渴望与追求,也是对家庭精神文化的再现。

第三,恋家情怀是对家庭制度文化的再现。家庭是社会生活的基本单位,也是人类两性关系的一种制度选择。自古以来,人的性欲的满足方式多种多样,两性的结合方式也绝非只有家庭这一种形式,人类文明最终选择了家庭这种主要方式,不得不说是社会文明的进步。因为这种方式综合了性爱自由、情感责任和未来理想三个方面的因素,廓清了人类社会文明前进的路向。家庭作为一种社会制度,主要包括婚姻制度、生育制度和亲属制度。恩格斯对人类社会考察研究后,引用了摩尔根的观点,认为“人类家庭经历了血缘家庭、普那路亚家庭、对偶制家庭、一夫一妻制家庭四个发展阶段”[①]。所谓血族群婚,就是禁止代际之间的性关系,实行兄弟姐妹之间的行辈婚(在我国也称“内婚制”或“族内婚”)。由于实行血族群婚,人类历史上第一个家庭形态——血婚家庭得以诞生。对于这种婚姻制度,在中国远古神话故事里有所浮现:我国古代传说伏羲与女娲兄妹成婚,人类得以繁衍;神犬盘瓠与帝喾高辛氏之女交配后生六男六女,儿女们相互婚配,传

---

① 刘松:《主体自由、民族和睦、文明提升:家国情怀的历史衡量三维标准探析》,《山东社会科学》,2019年第5期。

下后代。①所谓"普那路亚家庭"（又称为"外婚制"或者"族外婚"家庭），是指排除族内兄弟姐妹以及旁系兄弟姐妹之间的性关系，只允许异族同辈男女的婚配关系组成家庭。从族内婚进化到族外婚，是"自然选择原则在发生作用的最好说明"②。"互称普纳路亚，即亲密的同伴，即所谓associé。"③所谓"对偶制家庭"，是指群婚制下某种或长或短时期的成对配偶制。在对偶制家庭根据多对互配的夫妻中，有某一确定配偶性交频次明显多于其他配偶次数，这对夫妻互称主妻和主夫。所谓"专偶制家庭"，就是一男一女的婚姻所组建的家庭，婚姻关系未解除前排斥与旁人同居。人类社会的不同家庭婚俗制度也会激起人们的恋家情怀。例如，在外婚制家庭中，夫妻分属于不同氏族，夫妻白天各随各的氏族活动，只有夜晚丈夫才到妻子的氏族去过婚姻生活，早晨又要回到自己氏族来活动和生活，这种制度安排就给成婚的恋人们增添了止不住的恋家思亲之情。再如，因抢劫婚、买卖婚来到异族新家中的新人，或是因丧偶而组建的新家庭，也会因为婚姻制度的变化感到诸多不适，由此怀念往昔生活方式而生思恋故乡之情。还有在婚制变迁转换中，一些跨时代的人家因房屋拆迁置换到现代城市生活，眼见城市三口之家的单调生活和简单的亲属关系，缺少了往日精神文化生活的繁华和互访的笑语喧声，特别是逢年过节，难免对过去大家族式热闹生活、繁茂的亲属关系产生怀念之情，于是浓浓的恋家情怀油然而生。可以说，恋家情怀也是对往昔家庭制度文化的再现。

---

① 《后汉书》卷八六《南蛮传》：昔高辛氏有犬戎之寇，帝患其侵暴，而征伐不克。乃招募天下，有能得犬戎之将吴将军头者，赐黄金万两，邑万家，又妻之以女。时帝有畜狗，其毛五采，名曰盘瓠，下令之后，盘瓠遂衔人头造阙下；群臣怪而珍之，乃吴将军首也。帝乃以女配盘瓠。盘瓠得女，负而走入南山，止石室中；经三年，生子一十二人，六男六女；盘瓠死后，因自相夫妻……今长沙武陵蛮是也。
② 《马克思恩格斯选集》（第四卷），人民出版社，2012年，第46页。
③ 《马克思恩格斯选集》（第四卷），人民出版社，2012年，第47页。

综上所述,恋家情怀是家国情怀的源头和重要组成部分,是主体对家庭物质文化在心理上的场景再现,是对家庭精神文化的真善美追求的心愿表达,是对往昔家庭制度文化的留恋和追忆。

(二)爱国情怀:报效祖国

爱国情怀是恋家情怀的延伸,是对恋家情怀的一种社会提升。爱国情怀起源于国家的诞生,伴随着国家实力的兴衰、疆域的变迁、政权的更迭而显现,是对依法以武力捍卫国家利益共同体所拥有的资源和权益的认同和赞赏之情。其内容体现了国家这个利益共同体与物质文化、精神文化及制度文化之间的紧密联系。

第一,爱国情怀是对国家利益共同体物质文化的再现。正如恋家情怀随着家庭的出现而产生一样,爱国情怀也是随着国家的出现而出现,它们都是社会文化发展到一定阶段的产物。国家的概念在春秋战国之际形成。[①]在此之前,家与国是一体的,天子、诸侯之国便是他们的家,家以外无须另称“国家”。春秋之后,天子式微,其宗主权力已成虚位,诸侯霸主挟天子以令诸侯,礼乐征伐等国之大事也出自大夫,甚至大夫分公室,陪臣执国命,庶民亦开始称家。家的概念在经历了王家、邦家大夫之家、庶民之家等概念的逐渐演化变迁之后,家的概念已经与国的概念不再完全合一,于是国家的概念出现了。许慎《说文》释国为邦。《六书故·工事二》云:“邦,国也。别而言之,则城郭之内曰国,四境之内曰邦。”[②]国家概念的产生,一方面表示国与家的分离,另一方面内含着二者的紧密联系。秦王朝以郡县制取代了宗族家长世袭制,中央政府直接任命国家各级行政长官,从此,国与

---

① 张怀承:《中国的家庭与伦理》,中国人民大学出版社,1993年,第60页。
② 《六书故·工事二》。

家在制度上完全分开。国与家在制度上的分离,实际上也是社会物质文化发展的必然结果。两周时期,家国一体,家实际上担负着国的行政组织职能,组织着全国的物质生产,也是构成国的基本社会单位。那个时候,由于整个社会的生产力还不发达,资源和权力都集中在政权中枢,周边家族是没有力量与中央家族抗衡的,所以社会也还稳定。春秋战国时期,社会生产力得到很大提升,周边地区因为疆域拓展不受限制,加上治理得当,诸侯国的实力逐渐接近甚至超越中央地区,人口数量的增加导致人均土地数量减少,资源紧张造成生存空间的压力增大,于是诸侯并起,群雄割据,互相争战。在诸侯国之间旷日持久的交战期间,随着故国家园疆域的变迁、地方政权的频繁更迭,多少离愁别恨就此生发。最初的、最表层的爱国情怀是对诸侯国物质文化的留恋,例如,对故国的衣食住行等文化习惯的怀念,其实是对恋家情怀空域的拓展。一般而言,物质文化是可感知的、具有物质实体的文化事物,物质文化主要包括服饰文化、饮食文化、居所文化、交通文化等。被兼并后的国土上的人口,有的被迁居其他地方,被迫改变原来的衣食住行文化习惯,于是对故国家园怀念之情顿生。因此,爱国情怀的首要表现就是对国家物质文化的感念。

第二,爱国情怀是对国家利益共同体精神文化的再现。从爱国情怀的内容来看,爱国情怀不仅显现了主体对国家物质文化的感念,而且流露出主体对国家利益共同体精神文化的习惯印记。相对于物质文化,精神文化是更深层次、更核心、更本质的文化内容。精神文化是在人类社会实践和意识活动中,经历了本民族文化实践长期酝酿、反复打磨凝练形成的,它由三个方面的内容构成:一是价值观念,二是思维方式,三是审美情趣。从精神文化角度看,爱国情怀是对本民族的语言文字、科学技术、文学艺术、民俗风貌、宗教哲学的认同、持守与热爱,是对国家层面精神文化内容的集中再现。国家层面的精神文化侧重指民族精神、时代精神、核心价值观等内容。从民族国家的演化历史内容来看,爱国情怀的聚焦反映就是以爱国主义为核心的民族精神。民族精神是本民族大多数成员所认同的价值取向、道德规范、思维方式与精神气质的总和。中华民族的民族精神是在五千多年的历史发展中形成的,它既是千百年来整个中华民族的共同精神支柱,也是各历史时期各民族不断发展的精神支柱,其主要内容包括四个方面:一是团结统一,二是勤劳勇敢,三是自强不息,四是爱好和平。从国家治理吐故纳新的历史角度看,爱国情怀也是时代精神的反映。中华民族自古以来就崇尚革故鼎新,并以此为优秀传统传承至今。在新时代,改革创新的时代精神就是这种优秀传统的再现。不论是传统的革故鼎新,还是新时代的改革创新,它们都彰显了中华民族敢于挺立时代潮头、突破陈规、大胆探索、敢于创造的思想观念;体现为不甘落后、奋勇争先、追求进步的责任感、使命感和对“落后就要挨打”的危机感与忧患意识;体现为坚韧不拔、自强不息、锐意进取的精神状态和一往无前、舍我其谁、“敢教日月换新天”的豪迈气概。从国家历史发展的核心标准看,爱国情怀是一定历史时期社会核心价值观的反映。中华民族自古以来就有讲仁爱、重民本、崇正义、守诚信、尚和合、求大同的价值传统,它展现了中华民族核心价值理念一脉相承的精神追求、精神特质、精神脉络,也深刻展现在中华民族世代相承的爱国情怀中。因此,爱国情怀的核心表现在于对民族精神、时代精神、核心价值观的反映,是对国家利益共同体精神文化的再现。

第三,爱国情怀是对国家利益共同体制度文化的再现。爱国情怀不仅是主体对国家的物质文化和精神文化的认识、反映和投射,也是对制度文化的一种认识、反映和投射。制度文化由人类在社会实践中建立的各种社会规范构成,是人类在物质生产过程中所结成的各种社会关系的总和,包括社会经济制度、政治制度、法律制度、婚姻制度、家族制度、宗教文化制度以及人际关系准则等。一个国家的制度文化是物质文化和精神文化的桥梁和纽带,它在协调国家之间、国内各组织之间、个人与群体、群体与社会的关系以及保证社会的凝聚力方面起着不可或缺的显著作用,深刻地影响着国家的物质生活和精神生活的发展。人类的行为是一种群体的、社会的共同行为,它受思想、观念、精神因素的支配,所以文化的精神因素影响必然会作用到制度因素中去,并作用于制度因素。精神文化中的价值观与制度文化的价值理念要协调好,如果协调不好,制度文化的功能就实现不畅,就容易使责任主体产生忧思,这种忧思就是爱国情怀的一种表现。在制度文化功能实现的过程中,责任主体必然会对运行中的国家组织制度、国民道德伦理规范和社会秩序作出价值判断和情感反馈。这种对国家组织制度、运行制度作出的价值判断和情感反馈就是爱国情怀的集中反映和表现。所以说,爱国情怀是对国家利益共同体制度文化的再现。

综上所述,爱国情怀是恋家情怀的责任拓展和社会延伸,是对武力依法捍卫国家利益共同体所拥有的资源和权益的认同和赞赏之情,是对国家利益共同体物质文化、精神文化和制度文化的综合再现。

(三)家国情怀:齐家治国

家国情怀是恋家情怀与爱国情怀的辩证统一体,是主体对家和国的思念热爱之情的统一聚合表达,既表达了对家庭这个国家基础的重视之情,也放眼国家这个集体利益的升华,追求的是一种家齐国治、国泰民安、互利共兴的和谐境界。其内容再现了家庭与国家这对利益共同体在物质文化、精神文化和制度文化上的辩证统一关系。

第一,家国情怀是主体对家国利益矛盾对立统一体在物质文化上的辩证表征。家与国是两种不同的社会共同体,从家庭与国家之间的物质利益关系看,一方面,两者具备互惠互利、互相促进的关系;另一方面,两者之间也存在利益平衡的矛盾关系。家庭不仅为国家创造了物质财富,成为国家物质利益的源头,而且通过人口的增殖为国家输送人力资源;家庭在生产劳作中,需要国家提供环境保护和分工协调。与此同时,国家的安全防护、社会治安的维持和社会公共事务的服务也需要来自家庭的人力和物力支持。如果国家统治者治国得法、合理平衡家国之间物质利益的矛盾关系,两者是可以相互促进、相得益彰的;但倘若治国不力、奢靡腐败、好战斗狠、不恤民力,也会导致两者关系破裂、矛盾激化,甚至丢失政权,失去统治地位。家庭与国家的物质利益矛盾只有控制在家庭可以承受的限度内、国家税收和兵役只有达到国家职能的基本实现程度,这对物质矛盾体才能开始运转。过轻的税负、兵役不足以使国家机器正常运转,严重的会无力协调内部矛盾和社会秩序、无力抵御外族侵略而丢失政权;过重的赋税、兵役又会加重家庭的负担,引起家国利益冲突,严重的会激起民变而丢失政权统治。只有合理地平衡家、国物质利益矛盾,才能保持统治的长久,才能使家庭幸福、国家富强,这也是国家统治者阶层的善良愿望和深切的家国情怀。因此,家国情怀是主体对家国利益矛盾对立统一体在物质文化上的辩证表征。

第二,家国情怀是主体对家道观念和国治理念在精神文化上的理论贯通表现。自殷商到春秋,邦、国、诸侯是以血缘宗法为内在联系的氏族—部落—部族国家。以父子关系为主干的父系家长氏族首领,只有具备优良的才干和德行,并在历次征战和协调劳作中获得本族信任和认可,拥有了显赫地位和权威后,才有机会联合其他部族,进一步开疆拓土一统天下。因此,父子、兄弟、夫妇不仅是一种家庭私人关系,而且也是一种国家公共关系;这种关系既要束之以家规家范,也要律之以国法民俗。这样一来,"父父,子子,兄兄,弟弟,夫夫,妇妇,而家道正;正家而天下定矣"①。在家国发展的过程中,家国人伦关系受到普遍尊重,于是国人亲家、敬祖、礼族、爱国等各种淳朴的情感汇聚成复杂的民族心理,这就从家国文化源头上将家国关系的基因植入中国社会的机体之中。家国关系基因融伦理与政治于一体。晋大夫师服评曰:"吾闻国家之立也,本大而末小,是以能固。故天子建国,诸侯立家,卿置侧室,大夫有贰宗,士有隶子弟,庶人、工、商各有分亲,皆有等衰,是以民服事其上,而下无觊觎。"②在这种家国合一的等级社会中,亲家与尊主的相互重合,很自然地融为一体。于是在齐家与治国之道上讲究移孝为忠。历代统治者和思想家都提倡孝道,一方面,家道孝的理念具有积极的社会意义,在家是孝子,在国必定是忠臣,"孝慈则忠"③;另一方面,忠君本身又是孝的价值指向内容。"夫孝,始于事亲,中于事君,终于立身。"④从齐家之道与治国之道的关系看,两者有内在的联系,其内在联系环节为敬:"资于事父以事君者而敬同,……故以孝事君则忠,以敬事长则顺。"⑤由此看出,我国圣贤先哲把家国关系看作唇齿相依、治道贯通、荣辱与共的关系。"一家仁,一国兴仁;一家让,一国兴让。"⑥相反,国家变乱则家庭难安,"天下大乱,无有安国;一国尽乱,无有安家;一家皆乱,无有安身"⑦。正所谓:"小之定也必恃大,大之安也必恃小。"⑧家国治道认识展现

---

① 《易·象·家人》。

② 《左传·桓公二年》。

③ 《论语·为政》。

④ 《孝经·开宗明义章》。

⑤ 《孝经·士章》。

⑥ 《大学·第十章》。

⑦ 《吕氏春秋·谕大》。

⑧ 《吕氏春秋·有始览》。

出先贤圣哲们殚精竭虑的家国情怀。因此,家国情怀是对旺家观念和兴国理念在精神文化上的理论贯通表现。

第三,家国情怀是主体对家道规矩和治国体制在制度文化上的行为选择和价值绽放。从家国历史文化制度渊源看,我国早在商周之际就基于氏族血缘宗法制形成了一整套家国治理相应的思想观念和行为准则,在周代完善为"周礼"后又被孔子发展为儒家思想。《礼记》对这套家国治理理念归纳为"五止十义":"为人君,止于仁;为人臣,止于敬;为人子,止于孝;为人父,止于慈;与国人交,止于信。"[①]"父慈、子孝、兄良、弟弟、夫义、妇听、长惠、幼顺、君仁、臣忠。"[②]它将治家之道与治国之道实现了运行接轨。在这条轨道上,敬是关键连接点。于是,在社会治理运行实践中,称君长为父,称地方长官为父母官,治下的百姓为子民;帝王为君父,称属下为臣子。无论是国还是家,对忠孝都分外重视,因为二者利益与共;而在忠孝不能两全时,传统文化要求舍孝尽忠以成其大孝。大孝之孝就是一种对祖国母亲之孝,是一种家国一体情怀辩证合一的德性选择和价值趋向。

综上所述,家国情怀是恋家情怀与爱国情怀的辩证统一体,是主体对家和国的思念热爱之情的统一聚合表达,是其对家国利益矛盾对立统一体在物质文化上的辩证表征,是其对家道观念和国治理念在精神文化上的理论贯通表现,也是其对家道规矩和治国体制在制度文化上的行为选择和价值绽放。

---

① 《礼记·大学》。
② 《礼记·礼运》。

三、家国情怀的文化结构

家国情怀具有三层四维结构。随着历史发展,中华民族家国情怀依次经历了恋家情怀、爱国情怀和家国情怀三层次文化发展,形成了从恋家到爱国,再到家国一体共荣的文化发展脉络。我们可以从文化维度发生视角、文化关系视角、文化动力视角和文化运行视角等维度对中华民族家国情怀进行结构性剖析研究。

(一)恋家情怀文化

所谓恋家情怀,是主体对过去美好家庭生活的留恋而表现出的念亲思乡情感、对未来家庭幸福生活的抱负和期待以及对特定境遇下本应自己扮演的家庭角色缺席而感到抱憾、本应承担的家庭责任未及时承担的自责和担忧之情。恋家情怀随着家庭的产生而产生,伴随着家庭生活、生产活动的变迁而显现,其内容再现了家庭与物质文化、精神文化与制度文化之间的紧密联系。分析恋家情怀的文化结构可以从文化发生视角、文化关系视角、文化动力视角和文化运行视角进行,这些不同的文化视角构成了恋家情怀的文化分析结构。人们可以追索家的物质形态的产生、精神形态的播衍、制度形态的传承对于历史文化的意义,剖析家的文字符号出现和使用的抽象意义,厘清家的文化制度性基础,阐明家的文化社会学内涵,彰显家的文化社会学影像本质,探究家的文化心理学发展路向。这样,人们就可以看到恋家情怀的文化全景态结构。恋家情怀实际上是特定境遇下主体对家的认知、感念、理论与实践。

从文化发生视角审视恋家情怀,恋家情怀的产生源自家庭的出现和家字的社会传播与使用。家的产生,意味着公、私意识的萌生,开启了对个体空间的尊重与权益自由的保护,标志着人类社会踏上文明的征程。仓颉造"家"字,"标志着人类开始用抽象符号来表达对人类社会私有现象的观察思考以及血脉传承的感念"①。家的甲骨文为"𠖥",原义为猪之屋。在人类远古社会,宗教祭祀盛行,人们"以猪、狗祭祀祖先的正室"②名之为"家",这说明,在华夏民族农牧经济时代,已经出现了"集体养猪转为家庭私有"③现象,社会开始认同私有观念,并以一定的方式对私有财产、个体空间和权益自由进行保护。

　　从经济制度文化视角审视恋家情怀,恋家情怀是主体对社会关于家庭经济制度在其心理上刻画的回馈反映。家是社会物质生产和人口生产最基本的生产单元,这种经济制度安排为主体的恋家情怀提供了生存发展的文化基础。"一夫受田百亩,曰夫家。《周礼·地官》上地家七人,中地家六人,下地家五人。"④由此看出,中国远古的农耕社会十分重视按家居人口配置土地资源的制度。这项制度,既满足了家庭生产和生活的要求,也满足了国家安排兵役、收取赋税的要求,成为国计民生的制度性保障。然而在"家天下"的封建等级社会,资源配置的不平等所造成的人与人生活状况的差别巨大,"大夫皆富,政将在家"⑤平民百姓则生活艰难、赋役沉重。封建等级制度埋下了阶级间仇视与对抗的种子,对家国的情感则是有人欢喜、有人愁。

---

① 徐国亮、刘松:《三层四维:家国情怀的文化结构探析》,《四川大学学报》(哲学社会科学版),2018年第6期。
② 徐少锦、陈延斌:《中国家训史》,人民出版社,2011年,第37页。
③ 徐少锦、陈延斌:《中国家训史》,人民出版社,2011年,第37页。
④ 康熙字典:家【寅集上】【宀字部】(网络版)http://kangxi.xpcha.com/eb9e6dpizqq.html。
⑤ 《左传·襄公二十九年》。

从文化关系视角审视恋家情怀,恋家情怀实际上是"家"的境遇变迁、兴衰发展变化、家庭生活起落发展与主体心理变化之间的关系体现。"家"不仅是个体成长的载体,它也承载着家庭成员生活中丰富的精神演绎,因而个体对家的情怀依赖于家庭生活的发展,从这个角度看,恋家情怀就是主体家庭生活变迁在其心理上的映射和写照。在古代农耕社会,"居其地曰家"①,家依地生,只要勤劳就可以享受恬淡生活。但在自然灾害和人为战争共同驱使下,人们时常会面临家土变迁和亲人离散,念家、怀旧、乡愁等思亲念家之情频生。因此,恋家情怀是主体对家庭兴衰变迁、家庭生活起落发展变化、家庭制度变换的文化心理映射、反馈与调适。

从文化动力视角审视恋家情怀,恋家情怀彰显了家文化运动发展的动因机理和内在相互作用关系。主体恋家的文化动力有三个:一是种族繁衍和血脉传承,二是情爱发展,三是家庭道德伦理建设。家所反映的是相对稳定的男女婚姻关系,它不仅为未来家庭道德建设奠定了坚实的伦理基础,而且为未来家庭文化植入了种族繁衍、血脉传承和情感发展的文化基因。在这个内在源动力驱使下,家庭成员对家的情怀得以延续和发展。

综上所述,恋家情怀从文化发生视角回溯了家文化产生的历史文化渊源,标刻了家国情怀在历史文化标尺上的起点;恋家情怀从经济制度视角表明了家文化生存发展的社会物质条件,是主体对社会关于家庭经济制度在其心理上刻画的回馈反应;恋家情怀从文化关系视角展现了家文化与主体心理之间的互动关系和密切联系;恋家情怀从文化动力视角彰显了家文化运动发展的动因机理和内在相互作用关系。总之,主体的恋家情怀是家国情怀文化上的基础构成部分,它映射出各个历史时代社会制度变迁对个

---

① 康熙字典:家【寅集上】【宀字部】(网络版)http://kangxi.xpcha.com/eb9e6dpizqq.html。

体家庭兴衰和家境变化,也映射出这些因素对人们心理形成的冲击以及人们心理对这些因素所产生的应激反应。这些文化视角内容共同构成了恋家情怀的文化结构。

(二)爱国情怀文化

爱国情怀具有与恋家情怀相似的文化结构,两者在建构基础、价值核心、思维角度上存在不同。爱国情怀的建构基础是国,恋家情怀的建构基础是家;爱国情怀的核心价值是忠诚,恋家情怀的核心价值是孝悌;爱国情怀更加侧重于对群体公共利益的保护与协调;恋家情怀更加侧重于个体权益自由的尊重和保护。爱国情怀彰显了人们对武力捍卫国家整体利益的赞赏与认同,恋家情怀展现人们对家庭自由生活、对血脉亲情的留恋与难以割舍。

从文化发生视角审视爱国情怀,爱国情怀彰显了人们逐渐对武力捍卫国家整体利益从而保护个体利益的赞赏与认同。爱国情怀伴随着国家的产生而出现。国家的出现,是时代的需要,它有效地解决了人类在此前对自然资源无序占有以及使用权划分上的互相重叠、矛盾的问题。从"国"字的甲骨文字形结构看,是在"口"旁立"戈",喻义用武器保卫土地。宋元时有了"国"字,"玉"被"囗"包着,"玉"指统治权;"囗"为国界。"国"字的结构表达了国主拥武捍土掌权之意,也表达了政权统治下的臣民百姓对武备捍卫政权、保卫国家利益的拥护和赞同。

从关系结构视角审视爱国情怀,爱国情怀展现了主体对国家政权的认同与拥护,呈现了主体个人情感与国家政权、制度设计变化之间的关系。由于国是维护统治者权力地位的象征,是确立各个阶级在国家政治、经济、文化生活中的地位关系的强力机构,是统治者与百姓联系、交流的桥梁和纽带,也是全体国民捍卫公共利益与合法的个体利益的手段,因此,维护国的存在和稳定、保持这种相对稳定的关系,是从帝王将相到普通国民对国之情怀的目的和追求。在中国古代社会,国是一个围绕国主的、通过层层分封与孝忠而形成"血缘—文化—政治"共同体,具有等级统治关系并能维护全体国民基本公共利益的社会连续体。在这种差序格局统治下的家国天下之间,爱国情怀反映了社会各阶层对目前国家政权统治关系的认同与拥护,各方面利益得到不同程度的尊重,实际上是对国家政权制度变化的权衡、比较与认同关系。因此,爱国情怀展现了主体对国家政权的认同与拥护,呈现了主体个人情感与国家政权、制度设计变化之间的关系。

从动因结构视角审视爱国情怀,爱国情怀因为国家而兴起、随国家兴旺发达而变得愈加强烈。在中国古代,国是施展和实现君王政治抱负、展现君王天威的工具。在现代社会,国家是实现人民幸福生活、展示民族自信自强的平台,因此,爱国情怀因为国家而兴起、随国家兴旺发达而变得愈加强烈。《诗经》曰:"於穆清庙,肃雍显相。济济多士,秉文之德。对越在天,骏奔走在庙。不显不承,无射于人斯!"① "有駜有駜,駜彼乘黄。夙夜在公,在公载燕。自今以始,岁其有。君子有榖,诒孙子。于胥乐兮!"②这些诗歌表现了周天子和诸侯们在宗庙祭祀上号令天下、四方咸服的盛况,展现了中国古代君王天下治平、国威隆盛的豪迈情怀。到了现代,我们也经常采用共和国周年庆典、国家纪念大会、大阅兵等礼仪形式弘扬国威、团结民众、彰显民族自信。

从脉动关系结构视角审视爱国情怀,爱国情怀是历代统治者在领导臣民共同治理国家过程中展现的志向、智慧、能力、水平的变化轨迹。当某个

---

① 《诗经·周颂·清庙》。
② 《诗经·鲁颂·有駜》。

朝代中,国家遇到明君贤臣,国家治理得当,生产力得到大幅度提升,全社会各行各业民众的爱国情怀得到大力弘扬,建设国家的热情得到激发,国家就兴旺发达、繁荣稳定;当某个朝代中,国家遇到庸君奸臣,国家治理失序,腐败横行,整个社会民众的爱国情怀就会受到极大压抑,国家就会变乱丛生,国势衰微,内忧外患接踵而至。因此,国既是实现君王王道理想和政权统治的博弈场,也是带领臣民百姓向往幸福生活、通向人类命运共同体的必经环节。由此可见,爱国情怀是历代统治者在领导臣民共同治理国家过程中所展现的志向、智慧、能力、水平的变化轨迹。

由以上分析可见,爱国情怀与恋家情怀在文化内容方面有三点区别:一是文化基始点有分别,爱国情怀基于国,恋家情怀基于家;二是文化核心价值有分野,爱国情怀的核心价值是忠,恋家情怀的核心价值是孝;三是所维护利益指向各有不同,爱国情怀注重对公的维护;恋家情怀注重对私的尊重。从文化结构来看,爱国情怀与恋家情怀有着类似的文化结构,如文化发生结构、关系结构、动力结构、功能运行结构等,它们共同为家国情怀的文化构成奠基。爱国情怀的文化发生结构表明以武卫权的方式得到拥护和认同;爱国情怀的文化关系结构在于本固邦宁;爱国情怀文化动因结构在于兴国树威;爱国情怀与国势发展脉动关系是国兴则扬,国颓则抑。

(三)家国情怀文化

在历史上,家庭、国家的先后出现分别孕育和催生了恋家情怀和爱国情怀,它们共同为家国情怀做好了文化准备。家国情怀是指主体对家国共同体在家国意识、家国关系、家国结构等方面的认知、感念、领悟和实践。

从认知维度上看,家国情怀是主体对家庭与国家所构成的共同体现象的深刻认识,这种认识源于中华民族家国一体的传统,包括家庭与国家在关系上是"家国一体同构",在家庭与国家利益关系上是"家国互利共存",在家庭与国家荣辱关系上是"家国荣辱与共"。所谓"家国一体",是指家庭和国家同源于"血缘、文化、政治共同体",这个共同体就是"天下",共同体遵循相同的伦理价值原则。所谓"家国同构",就是家庭、家族与国家在组织结构方面具有共通性。在家庭中,父亲就是"家君",执掌家庭最高的权利;在国家中,君为"国父",位居国家最高的地位;在伦理体制方面,君父遵循相同的道德人伦;在家庭国家的组织结构上,家国同构;家庭和国家均以血亲—宗法关系来统领,奉行着严格的家长制。

从情感维度上看,家国情怀是主体对家庭与国家所构成共同体深深的情感,这种情感包含三个方面:一是主体对家国归属感的认同,二是主体对家国危机与荣耀的感念,三是主体对家国责任使命的担当。作为主体的人与家国共同体之间有着紧密的依存关系,这种依存关系决定了主体与共同体之间形成了心理上的认同关系和身份上的归属关系。"天子作民父母,以为天下王"[1],百姓就纷纷而来,即所谓"天下归心"。这表现出了主体的认同感和归属感。 主体的责任感源自社会身份、职业岗位、扮演角色的区分,每个人都担负有与自己所处的位份相配的责任。"天下非一人之天下也,天下之天下也"[2],"天下兴亡,匹夫有责"[3]。家国安康祥和与稳定不仅有赖于主体强烈的责任感和使命感,还有赖于主体的危机感,即所谓"生于忧患,而死于安乐也"[4]。如果主体常怀危机之感,就能对未来征途的危险有所警惕和防范,准备好预案,临危不惧,化险为夷。因此,"无论心理上的

---

① 《尚书·周书·洪范》。
② 《吕氏春秋》。
③ 《日知录》。
④ 《孟子·告子下》。

认同感和归属感,还是行为上的责任感和使命感,还是观念意识上的危机感和荣耀感,都是主体在家国关系、家国行为、家国意识方面的家国情怀的具体情感表达"①。

从理论维度上看,"家国情怀展现了主体对家国和谐共生、本固邦宁、孝悌忠义规律的遵循崇奉。在传统中国,家国是以伦理性的礼乐制度构成的社会连续体,他们在结构上的一体同构、在利益上存亡互依、在价值追求上荣辱与共,这决定了家国之间在管理上循家规立国制、在交往上提倡旺家兴国、在观念上崇奉多元一统、兼包并蓄的行事原则,于是,家国之间的和谐共生关系得以顺理成章地稳固建立"②。《论语》曰:"均无贫,和无寡,安无倾。"③这是对家国和谐共生关系理论的论述;"民惟邦本,本固邦宁"④,"皇天无亲,惟德是辅;民心无常,惟惠之怀"⑤,这是对本固邦宁理论的强调;"所谓平天下在治国者:上老老而民兴孝,上长长而民兴弟,上恤孤而民不倍,是以君子有絜矩之道也"⑥。"君使臣以礼,臣事君以忠。"⑦这是对齐家之道、治国之道的理论总结。

从实践维度上看,"家国情怀勾画了主体对家国安全捍卫、治理操劳、家风国魂传扬的历史轨迹。中华民族的文明发展史,既是践行'家齐、国治、天下平'的历史,也是抗击外来侵略、反对民族分裂、争取民主平等的斗

---

① 徐国亮、刘松:《三层四维:家国情怀的文化结构探析》,《四川大学学报》(哲学社会科学版),2018年第6期。

② 徐国亮、刘松:《三层四维:家国情怀的文化结构探析》,《四川大学学报》(哲学社会科学版),2018年第6期。

③ 《论语·季氏第十六》。

④ 《尚书·夏书·五子之歌》。

⑤ 《尚书·周书·蔡仲之命》。

⑥ 《大学·第十章》。

⑦ 《论语·八佾第三》。

争史。在这个伟大的历程中,发生了许多可歌可泣、气壮山河的故事,彰显了中华民族的家风国魂"①。

综上所述,基于恋家情怀、爱国情怀文化发展的家国情怀是主体对家国共同体在家国意识、家国结构、家国关系等方面的认知、感念、领悟和实践,它是主体对家国共同体的认识和情感的综合表现,展现了主体对家国共同体规律的遵循,勾画了主体对家风国魂传扬的历史轨迹。

四、家国情怀的特征

家国情怀,可以从其文化结构、历史发展阶段、传承转化等角度去把握其特征。从文化结构看,家国情怀具有"三层四维"的特征;从历史角度看,家国情怀具有"浑""分""统""和"的历史阶段特征;从文化传承转化角度看,家国情怀具有"随风而传,应时而化"的特征。

(一)文化结构特征

从前文分析的家国情怀的文化结构内容可知,家国情怀具有"三层四维"的特征,它体现了人们对"家""国"以及"家与国"的认知、感念、领悟和实践的文化建构。

1.三层:家—国—家与国

所谓三层结构是指家国情怀由恋家情怀、爱国情怀和家国情怀所组成,其中恋家情怀是家国情怀的文化基础,它体现了人们念亲思乡的文化动因,为爱国情怀和家国情怀提供了文化动力;爱国情怀是家国情怀的文

---

① 徐国亮、刘松:《三层四维:家国情怀的文化结构探析》,《四川大学学报》(哲学社会科学版),2018年第6期,第132页。

化发展目标,它体现了人们对恋家情怀的提升,展现了群体意识对个体意识的超越;家国情怀是恋家情怀与爱国情怀的统一,它将个体朴素的念亲护家意识与高尚的报效祖国、舍小家为大家等群体意识结合统一了起来,表现为"保家卫国、家齐国治、爱国惜家、国泰民安"的和谐统一。

2.四维:"知""情""理""践"

所谓"四维结构"是按照"知""情""理""践"四个维度对家国情怀所作的细致结构勾画。这里家国情怀的"四维"结构理论受心理学"知情意行"理论启发,选取了"知"与"情",后面"理"与"践"源于列宁的理论与实践结合之意,为了凸显理论的"理",所以创造性地提出了家国情怀的"四维"结构理论。从家国情怀的认知维度看,家国情怀体现了主体对家国一体同构、家国互利共存、家国荣辱与共的认识;从家国情怀的情感维度看,家国情怀表现了主体对家国归属认同、家国荣辱危机、家国责任使命的感念;从家国情怀的理论维度看,家国情怀展现了主体对家庭和国家共同体的本固邦宁、孝悌忠义、和谐共生规律的遵循崇奉;从家国情怀的实践维度看,家国情怀勾画了主体对家庭和国家共同体的安全捍卫、治理操劳、家风国魂传扬的历史轨迹。

(二)历史阶段特征

"家国情怀不是从来就有的,它是人类文明发展到一定阶段的产物,是随着私有制、家庭、国家的出现逐渐发展而来的。它的出现,既是生命主体为了克服外界自然条件束缚、获得个体生存自由的表现,也是群体和种族为了获得存活和发展资源、稳定传承下去所做出的努力与抗争的表现,实际上是主体获取自由、民族竞争发展、文明稳步提升的表现"①。"从主体自由、民族和睦和文明提升角度看,有三个时间节点可作为整个家国情怀历史的划分节点:一是夏王朝的建立节点,二是秦王朝的建立节点,三是中华人民共和国的成立节点。这三个节点将家国制度的历史划分为'五帝禅让时代、宗族世袭时代、大一统官僚专制时代、人民民主时代'四个历史发展阶段"②,相对于家国情怀的"家国混沌时代、家国一体时代、家国天下时代、家国和谐时代"四个历史阶段。

1.即家即国:帝王禅让时代原始社会家国情怀"浑"的特点

夏朝以前的社会,家与国还没有严格区分,人们的家国情怀处于蒙昧阶段。黄帝统一华夏族后,出现了一种混沌的、"即家即国"式的家国情怀。在人类社会早期,家庭以群居、血亲而成。"凡人之性,爪牙不足以自守卫,肌肤不足以捍寒暑,筋骨不足以从利辟害,勇敢不足以却猛禁悍。然且犹裁万物,制禽兽,服狡虫,寒暑燥湿弗能害;不唯先有其备,而以群聚邪? 群之可聚也,相与利之也。"③群与家有何区别?"群是我们在动物中所能看到的最高的社会集团。它看来是由家庭构成的,但是家庭和群一开始就处在对抗之中,它们是以反比例发展的。"④ 由此看出,"人聚成群,结成社会,构建家庭,才能超出一般动物的水平,顺应自然、利用自然、驾驭自然,这也体现了人类的意志自由和创造自由是随着人类自我意识、私有意识的进步而

---

① 刘松:《主体自由、民族和睦、文明提升:家国情怀的历史衡量三维标准探析》,《山东社会科学》,2019年第5期。

② 刘松:《主体自由、民族和睦、文明提升:家国情怀的历史衡量三维标准探析》,《山东社会科学》,2019年第5期。

③ 《吕氏春秋·恃君览》。

④ 《马克思恩格斯选集》(第四卷),人民出版社,1995年,第29~30页。

逐渐发展的"①。黄帝教部族懂得了"君臣上下之义,父子兄弟之礼,夫妇匹配之合"②,从此有了正式的"家庭教育"③。"在中国,多数人主治的民主政体,曾在上古出现过,那便是称作'尧舜之治'的氏族民主制"④和"禅让制"。"禅让,实际上是氏族贵族首领从同族中选出经过考验、德行高尚的后代来继承帝位。"⑤"禅让制"既顺应了氏族成员的主流意见维护了种群发展传承的根本利益,也保全了氏族首领血统传续和重大事务决策的优先权。

2.敬天法祖:宗族世袭时代奴隶社会家国情怀"分"的特点

"敬天法祖"是"华夏民族家国一体的宗族世袭时代奴隶社会家国情怀的特点,它映射出主体自由意识和中华民族文明全面觉醒的历史记录。夏禹的儿子夏启继天子位开启夏王朝后,变禅让制为世袭制"⑥,"夏家族、夏部落和夏政权的合而为一"⑦标志着中国奴隶社会的诞生。从夏朝起,已经出现按地域划分居民,《尚书·禹贡》中谈及全国被划分为九州;并出现了公共权力机关,设官分职,统治臣民,所谓夏后氏有官职一百;⑧还出现了刑法,春秋时叔向举出第一部刑法就是《禹刑》,所谓"夏有乱政而作禹刑,商有乱政而作汤刑,周有乱政而作九刑"⑨;从禹开始"谋用是作而兵(战争)由

① 刘松:《主体自由、民族和睦、文明提升:家国情怀的历史衡量三维标准探析》,《山东社会科学》,2019年第5期。

② 《商君书·画策》。

③ 徐少锦、陈延斌:《中国家训史》,陕西人民出版社,2003年,第46页。

④ 冯天瑜、何晓明、周积明:《中华文化史》,上海人民出版社,2015年,第143页。

⑤ 刘松:《主体自由、民族和睦、文明提升:家国情怀的历史衡量三维标准探析》,《山东社会科学》,2019年第5期。

⑥ 刘松:《主体自由、民族和睦、文明提升:家国情怀的历史衡量三维标准探析》,《山东社会科学》,2019年第5期。

⑦ 徐扬杰:《中国家族制度史》,武汉大学出版社,2012年,第66页。

⑧ 《礼记·明堂位》。

⑨ 《左传·昭公六年》。

此起"①,这说明象征国家暴力机构的军队也已存在。以上种种现象已经表明,夏朝已经具备了国家政权的主要特征。但要注意的是,夏国家政权并不是在夏家族之外另外建立的新机构,而是夏家族、夏部落管辖和统治权力的拓展和延伸,是对旧的氏族部落机构进行改造,并赋予其新的社会职能的结果。到了商代后期,出现了宗族组织和宗法制度,逐渐建立了分封制。商王把众多子姓家族、异姓姻亲家族以及归附家族,分封到全国各地去作"诸侯"。这些被分封到四周的家族与商家族有血缘联系,属同一家族,从政权来看,又是商王朝的地方一级政权组织。这样一来,从制度上逐渐分离出"国"与"家"两个管理层面,这时的"国"是指中央京畿王朝政权,这里的"家"实际上是被分封"外服"的若干个诸侯国。"外服"(京畿以外的地方)分为"侯、甸、男、卫、邦、伯等几个等级的诸侯"②。

在"家"层面,"奉行同居共财制、宗族家长制。于是出现了贵族家庭、依附性家庭和自由民家庭,其中以家国一体的宗法制大家庭为代表。由于几代同堂的大家庭实行'同居共财'的制度,各个家庭成员在经济上不独立,必须以家族为本位来生活,围绕父权、夫权形成了以家庭训诫、家规家范为形式的一整套家庭伦理道德原则和行为规范"③。

在"国"层面,"逐渐出现了宗法制、井田制和分封制。家庭所奉行的父权家长制与国家奉行的奴隶主专政相适应,血缘联系与社会政治等级关系密切交融,它们共同形成了具有中国特色的宗法制度,与宗法制相适应的制度是分封制和嫡长子继承制以及严格的宗庙祭祀制度。这些制度的出

---

① 《礼记·礼运》。

② 《尚书·酒诰》。

③ 刘松:《主体自由、民族和睦、文明提升:家国情怀的历史衡量三维标准探析》,《山东社会科学》,2019年第5期。

现,一方面纯洁了血统的传承、巩固了王权统治,客观上也有利于社会生产力的提高,有利于国家抵御周边蛮族入侵,推进了文明的进步,激发了奴隶主贵族阶级引以为傲的家国情怀"①。例如,"昔有成汤,自彼氐羌,莫敢不来享,莫敢不来王。曰商是常"②。展现的是奴隶主贵族开疆拓土的家国情怀;"文王在上,於昭於天。周虽旧邦,其命维新……上帝既命,侯于周服"③。歌颂的是奴隶主阶级革故鼎新、唯德是辅的家国情怀。这些诗句表现了"在奴隶主贵族阶级宗法制度统治下,国家更有力量,家族血亲联系更加紧密,主体生存更加自由,四夷更加咸服,统治更加稳固,文明得以提升,开疆拓土、威震四方的家国情怀得以充分展露。但是,这种制度另一方面也埋下了统治阶级贪奢腐败和阶级矛盾对立的祸根,引发有识之士对国家统治的危机意识和下层人民对国家的幽怨情怀。这一阶段,中央政权与周边少数民族之间矛盾、诸侯国之间利益矛盾、国家阶层间矛盾引发社会普遍的不满,对未来美好生活的向往成为广大被压迫阶级人们对家国社会共同的感念"④。例如,"周懿王时,王室遂衰,戎狄交侵,暴虐中国。中国被其苦……"⑤,在"四夷交侵,中国皆叛,用兵不息,视民如禽兽"⑥的情形下,底层穷苦百姓发出了对无道王者的斥问:"何草不黄? 何日不行? 何人不将? 经营四方? 何人不玄? 何人不矜? 哀我征夫,独为匪民"⑦表达了百姓对

---

① 刘松:《主体自由、民族和睦、文明提升:家国情怀的历史衡量三维标准探析》,《山东社会科学》,2019年第5期。

② 《诗经·商颂·殷武》。

③ 《诗经·大雅·文王》。

④ 刘松:《主体自由、民族和睦、文明提升:家国情怀的历史衡量三维标准探析》,《山东社会科学》,2019年第5期。

⑤ 《汉书·匈奴传》。

⑥ 《诗经·小雅·何草不黄》《毛诗序》。

⑦ 《诗经·小雅·何草不黄》。

无道王者穷兵黩武、无视民间疾苦的愤懑之情;屈原忧虑地感叹:"何桀纣之猖披兮,夫惟捷径以窘步。惟夫党人之偷乐兮,路幽昧以险隘。岂余身之惮殃兮,恐皇舆之败绩!忽奔走以先后兮,及前王之踵武。"①表达了诗人忧国忧民的家国情怀;"死生契阔,与子成说。执子之手,与子偕老"②表达了爱国战士们"齐赴疆场共生死,终生相伴不分离"的壮烈爱国情怀。可见,这一时期的家国情怀丰富且复杂,但都属于宗法等级社会"敬天法祖"式家国情怀,在情感立场上显现出鲜明的阶级对立二分的特点。

3.天下一统:大一统官僚专制时代封建社会家国情怀"统"的特点

"天下一统"是"中华民族在家齐国治的大一统官僚专制时代封建社会家国情怀的特点,它映射出主体自由意识强化、中华民族走向繁荣、中华文明辉煌于世的历史嬗变记录。自秦王朝以后,大一统的中华帝国出现,中国进入长达两千多年的封建地主阶级统治时期。这期间也几经王朝更替,奴隶制人身依附关系被地主阶级创立的人地依附关系所代替,土地资源和租种制度成为地主阶级掌控权力、盘剥农民的主要工具。从家庭制度变迁来看,氏族宗法制衰落,家族制兴起"③。"以一个家庭为单位的土地所有制代替了以一个宗族为单位的土地所有制"④,整个社会向封建地主制过渡,经历了两次大的家庭制度变革:一是战国时期宗族大家庭被小家族家庭所代替;另一个是在三国时期大家族家庭再次被确立,其标志是魏明帝曹睿下令废除"异子之科,使父子无异财"⑤。从国家制度层面看,主要有两种

---

① 《楚辞·离骚》。

② 《诗经·邶风·击鼓》。

③ 刘松:《主体自由、民族和睦、文明提升:家国情怀的历史衡量三维标准探析》,《山东社会科学》,2019年第5期。

④ 龚佩华、李启芬:《中华民族亲属团体史》,德宏民族出版社,1991年,第102页。

⑤ 《晋书·刑法志》。

"大一统",一是"文化大一统",二是"王朝大一统"。"宗庙社稷,也就是一家一姓之王朝,是前近代中国人国家认同观念最基本的核心。支撑着元初宋遗民和清初遗民精神世界的,主要是王朝的认同,而不是种族认同。"[①]"中原王朝的天下观以华夏—汉民族的文明与空间为中心。但在元代和清朝这些征服王朝那里,天下的内涵发生了相当大的变化,排斥了以中原为尺度的夷夏之别,突出了以王朝认同为核心的疆域大一统。"[②]但无论是文化的大一统还是疆域的大一统,士大夫与贵族官僚统治阶级对大一统的家国情怀是没有变的,对中华文明的认同是没有变的。相比于奴隶制社会,阶级对立虽然仍然存在,但不像以前那么鲜明了,阶级矛盾也温和了不少,家国情怀中"分"的特点被"统"所取代。

4.爱国惜家:人民民主时代社会主义家国情怀"和"的特点

"爱国惜家"映射出中华民族和睦繁荣、民主自由、逐渐走近世界舞台中央的历史轨迹。新中国成立后,国家实行人民民主制度,人民成为国家的主人,两性平等、婚姻自主的观念深得人心并得到社会民众广泛接纳,传统大家族制也逐渐被现代小家庭的平等民主制所取代。在这种现代社会大潮冲击下,人才的自由流动、社会化大生产使得家庭小型化成为时代的选择。随着我国农业现代化的发展,农村剩余劳动力增加,城市发展也需要更多人来建设,农村人口大量涌入城市,传统村镇聚族而居、聚族劳作的模式被现代化产业自由组合浪潮以及全球化经济浪潮击垮和消解。20世纪70年代初,中国开始实施较为严格的人口计划生育政策,控制人口过快增长,在这种大环境里,三代共居的家庭模式逐渐被"三口之家"的主流模

---

① 姚大力:《中国历史上的民族关系与国家认同》,《中国学术》,2002年第4期。

② 许继霖:《家国天下——现代中国的个人、国家与世界认同》,上海人民出版社,2017年,第28页。

式所取代。传统的对大一统王朝、家族的家国情怀也嬗变为新时代两性平等、追求自由、"爱国惜家"式的家国情怀。这一时期,民族和睦、家国关系和谐,个人与集体之间利益和融,显现出这一时期家国情怀具有"和"的特点。

综观我国家国情怀的发展历程,大致经历了即家即国、敬天法祖、天下一统、爱国惜家几个阶段,呈现出"浑""分""统""和"的发展阶段特征。

(三)传承转化特征

从传承的媒介和路径看,家国情怀是伴随着家风、国风逐渐传承的,随着时代的变迁而发生转化,合在一起,就称为"随风而传,应时而化"。

1.随家风传承

家风是一个家庭代代相传沿袭下来的体现家庭成员精神风貌、价值理念、道德品质、审美格调和整体气质的家庭文化风格,其核心是对价值的选择和判断。

首先,家国情怀产生于家庭,家庭是家国情怀随家风传衍的文化载体。家庭是社会的基本组织单元,是人生的启蒙学校。在家庭生活环境里,家庭成员的认知学习、情感交流、思想表达、行为习惯在这里交融,祖辈家人对家和国的基本态度、思想认识、情感表达也潜移默化地传递到子孙辈,在他们心里留下印记,影响或支配着他们未来行为的选择。习近平指出:"家庭是人生的第一个课堂,父母是孩子的第一任老师。孩子们从牙牙学语起就开始接受家教,有什么样的家教,就有什么样的人。"①孩子对家庭的初始情怀也是从这里开始生发,从对父母亲人的关爱之情逐渐成长为对整个家

---

① 《习近平著作选读》(第一卷),人民出版社,2023年,第545页。

庭、对国家、对社会的关爱之情。在此过程中,孩子逐渐接受家风的熏染,领会家风中传递的核心价值理念,内化于心、外化于行,待到长大成人,成立自己的家庭,也因此影响身边的家人和自己的后人。这一过程就是家国情怀随着家风的传承而传承,因此,整个国家和社会都要重视家庭建设,注重家庭在传承家国情怀文化建设中的重要地位,注重家教在传承家国情怀文化建设中的巨大作用,注重家风在传承家国情怀文化建设中不可替代的教化影响。

其次,家国情怀是家风所要传扬的主要内容。家国情怀里所蕴含的尊老孝亲、家庭和睦、保家卫国、家齐国治、国泰民安等价值理念正是家风所要传扬的主要内容。孩童从牙牙学语、认知成长、情感形成到心智成熟,这一过程中无不饱浸着家风的熏染和教化启迪,圣贤先哲们儿时孝敬父母、兄友弟恭、友善乡邻的故事成为童蒙开智和道德教化的绝佳教材,历代爱国英雄们保家卫国、拯救同胞、不畏牺牲的故事成为激励孩童成长、涵育爱国品质的鲜活材料,父母们身体力行的家国情怀言行也随着家风、家教润物无声地渗透到孩子价值观的树立、认知习惯的养成、情感表达、理论思考和行为举止之中。

再次,家国情怀中的德性价值是其跨越时代的核心要素,家风传承的原因也在于此。家国情怀就是品德教育中最鲜活、最有民族特色、最具时代效应的教育内容,家国情怀中所蕴藏的跨时代价值基因能随着家风、家德精神的一代代传承,家国情怀也就渗透到一代代孩子的心中,它成为引导孩子对家国正确认知、诱发孩子对家国情感共鸣、启发孩子对家国关系理性认识以及对家国荣辱价值观做出正确选择、效行的重要因素。

最后,家国情怀中细腻的情感激励和感化作用也最适宜通过家风承递的方式来传达。家国情怀中富含的细腻情感,最适合在家庭这种场合利用亲人之间的倾诉、絮叨低语、默默陪伴来传递和表达。由此可见，家国情怀随家风传承。

2.伴国风传承

国风是一个国家众多民族代代相传沿袭下来的体现这个国家民族共同的精神风貌、价值理念、道德崇尚、文化格调和创造智慧的文明风采，其核心在于这个国家民族对某种价值和文化的认同和崇尚。中华民族的国风是历代炎黄子孙充满智慧和创造力的中华文明的结晶，是历史长河中生生不息的中华之魂，中华民族的国风核心理念就在于对和合文化的推崇。

首先，家国情怀是国风传承的重要内容。一个民族国家想要保持繁荣稳定的状态和旺盛的发展势头，就必须对她的国民进行精神的鼓舞和民族凝聚力、战斗力、创造力的宣传教育，宣传教育有许多方式，国风的传承就是一个有效的方式。国风传承内容很多，除了包括历史文化、道德风尚、国族精神、时代风貌以外，家国情怀也是国风传承的重要内容。自古以来，我国就有"遥望中原怀故土，静观落叶总归根"这样心怀伟大祖国、满怀乡情、不舍故土、落叶归根的深情诗句；有"先天下之忧而忧，后天下之乐而乐"的忧国忧民情怀；也有"公而忘私、国而忘家"的报国为民风范，有"一身报国有万死，双鬓向人无再青"的为报祖国不惜牺牲青春年华和热血生命的民族英雄，这些饱含家国情怀的诗句是中华民族历代仁人志士为国尽忠的生动写照，它也随着历史和国风传承至今。

其次，家国情怀伴国风传承提升了境界。家国情怀的救济目标应该是整个国家和天下苍生。只有将"家"与"国"的利益辩证统一起来，立足一个个家庭，着眼于国家和天下，家国情怀的境界就得以提升。国风的传承就是重在弘扬这种舍小家、顾大家的集体主义精神、爱国主义精神、天下主义精神。一方面，家庭和谐安宁是国家稳定发展、社会长久和谐、民族持续进步的重要基石,千家万户都兴旺发达了,国家才能繁荣富强,社会才能和谐稳定,民族才能团结和睦;另一方面,国家建设好了、富强了,家庭的基本利益才能得到坚强有力的保护,家庭成员的生活质量才能随着国家实力的增强而提升。所谓"大河里有水小河里满,大河里无水小河里干"就是这个道理。

最后,家国情怀中粗犷、厚重的情感最适合以国风传承的方式来表达。历代为了民族独立自由和解放事业献身的民族英雄们,为了提高生产力,提升人类生活幸福指数而献身科技事业的科技工作者们,为了民族统一、国家富强、励精图治、呕心沥血的治国精英们,默默工作在各条战线的基层劳动者们都凝聚着对祖国厚重的家国情怀,这种集体的家国情怀粗犷、厚重的情感绽放最适合以国风传承方式来表达。由此可见,家国情怀也要伴国风而传承。

3.应时代变化

所谓应时代转化就是要随着时代的步伐对家国情怀的内容和形式进行符合时代的转化。一个时代有一个时代的使命,一个时代有一个时代独特的问题。时代变了,环境条件变了,主体要解决的家国问题就不一样,所要完成的使命就不同,虽然跨越时代的价值观、方法论仍有传承的必要,但所解决的具体问题、具体方法可能要随着时代的变迁有相应的变化,这样,家国情怀的内容也就发生相应的变化,从而打上时代的烙印。现代社会的家国情怀反映的是人们在知识信息和科技资本方面的竞争以及现代文明理念的作为,例如,网络化生存、虚拟教育、智能服务、云端科技、植树造林、低碳生活等。

第二章　家国情怀的典要梳理

家国情怀不仅仅是一种情感体系,也有着深厚的理论根基。古今中外圣贤先哲为家国留下多少壮丽诗篇和文章,其所表现的家国情怀令后人赞叹。我们不妨摘录其中一些经典的观点、故事、箴言,并对其进行分类整理。本章所梳理的"家国情怀的典要"不一定全部都是对家国情怀这一概念本身的直接论述,更多的是典型主体的观点言行包含着家国治理理论,流露着爱家、爱国的家国情怀。

一、马克思主义经典作家有关家国情怀的观点

马克思主义经典作家有不少,本书选择马克思、恩格斯、列宁作为代表,来梳理一下马克思主义经典作家有关家国情怀的论述。三位革命导师虽然没有直接对家国情怀进行系统论述,但对家庭、国家的论述展现了他们对家国问题的思考和家国情怀意识,许多观点至今都具有借鉴价值和意义。马克思和恩格斯对家国的研究主要集中在对古代家庭研究、对资本主义社会家庭和国家研究以及对家国未来展望三个方面。对古代家庭追溯研究是探索家庭产生的社会文化根源;对资本主义社会家庭的研究主要是揭露和批判家庭内部性别压迫的实质和家庭外部社会剥削制度不公平的现实;对未来家庭和国家的展望意在探究妇女解放、无产阶级解放和人类解放的途径。这些研究展现了革命导师对家庭、国家的深刻认识和对人类

社会的伟大情怀。他们在《1844年经济学哲学手稿》和《英国工人阶级状况》两部著作中都论及原始社会中古代婚姻家庭；在《德意志意识形态》中将家庭分为"简单家庭"和"复杂家庭"；在《共产党宣言》《共产主义原理》《资本论》等著作中，研究分析了资本主义社会下人们的婚姻家庭生活和国家体制中阶级剥削压迫关系；在《路易斯·亨·摩尔根〈古代社会〉一书摘要》[①]（以下简称《摘要》）和《家庭、私有制和国家的起源》[②]（以下简称《起源》）中论及家庭和国家的产生、历史形态、本质内容和变化消亡条件。相比较而言，马克思的《摘要》和恩格斯的《起源》这两篇文献系统、全面而深入地呈现了马克思和恩格斯关于家国问题的认识。《摘要》是马克思晚年研读摩尔根的《古代社会》（1877年伦敦版）所做的读书笔记，据学者研究统计，整个笔记共计有摘录或批语106条，其中对摩尔根思想的摘录有54条，"有27条是对摩尔根观点的进一步阐发，还有25条是马克思自己的理论概括"[③]。列宁对家庭与国家问题，也进行了深入的思考和研讨。他在《在全俄女工第一次代表大会上的演说》《国际劳动妇女节》《资本主义和妇女劳动》《俄国资本主义的发展》和《国家与革命》等理论著作和文章中，对家庭和国家提出了许多独到见解和想法，这既是对马克思和恩格斯的家国思想的丰富和完善，也是对马克思主义家国理论新的发展和弘扬，展现了列宁对家国的思想认识和家国情怀。下面从物质文化、精神文化和制度文化三个角度予以梳理呈现。

---

① 《马克思恩格斯全集》（第四十五卷），人民出版社，2003年，第328~571页。

② 《马克思恩格斯选集》（第四卷），人民出版社，2012年，第12~195页。

③ 汪连兴：《〈摩尔根〈古代社会〉一书摘要〉中马克思批语暨笔误考》，《民族研究》，1992年第6期。

（一）关键的生产技术是家国情怀形成的物质文化基础

在物质文化方面，马克思和恩格斯运用唯物史观的方法分析历史，提出了社会历史的基础在于生产，家庭、国家产生的基础也在于物质生活资料和人口的生产，只有家国基本的物质基础得到保障，家庭和国家才能得到发展。在这个过程中，必要的生产技术起了决定性作用，如生产工具的发明、人工取火技术的应用、基本生活技术的发明等。马克思和恩格斯对物质生产技术的理论思考和认识也反映了他们对家国起源和治理文化的思考重视。

首先，马克思和恩格斯从物质文化的角度提出了"历史中的决定性因素是生产"的观点，认为生产具有两个重要历史作用，第一，生产为社会提供物质财富，积累了历史经验，蓄积了社会物质力量，因而生产是社会历史的基础；第二，生产是家庭和国家的产生和发展变化的基础。马克思在《摘要》中写道："人类在地球上获得统治地位的问题完全取决于他们（即人们）在这个方面——生存技术方面——的巧拙。……人类进步的一切伟大时代，是跟生存资源扩充的各时代多少直接相符合。"①这些生存技术包括衣食住行等各方面，如人工取火术、渔猎术、制陶术、手工织补术、食物烹煮术、植物种植和灌溉术、家禽圈养术、医药术、蚕桑养殖术、矿物冶炼技术、舟车制造术、房屋建造术、占卜术、宗教仪式、语言文字和歌舞艺术等。生存技术的巧拙直接关乎人类始祖对家庭、对生活的态度和情感，是热爱还是厌恶，是留恋还是怨恨，也会因此影响对家国的建设发展。对生存技术的不断发展和推进也展现了人类对美好家庭生活的渴望之情。马克思和

---

① 《马克思恩格斯全集》（第四十五卷），人民出版社，2003年，第331~332页。

恩格斯睿智地关注到这些重要细节,投以极大的研究热情,即使在马克思逝世后,恩格斯接续开展研究,这也表现了恩格斯的理论担当和家国情怀。

其次,关于人工取火方法的发明,马克思和恩格斯都给予了高度赞赏和足够重视。马克思并不认同摩尔根对人工取火这一发明对人类社会进步意义的粗浅认识。马克思指出:"一切与火有关的东西都是主要发明。"①火的使用和人工取火方法的发明,是人类初次认识和利用自然规律;是人类诞生以来在文化领域里的首次革命。恩格斯也著文高度赞赏人类取火方法的发明:"摩擦生火第一次使人支配了一种自然力,从而最终把人同动物界分开。"②人工取火方法的发明使人类主动掌握了足以战胜自然的有力武器,它不仅使人类化生为熟,疾病减少,并且以火取暖、照亮黑暗和防御禽兽蛇虫的侵害,拓展了人类生活空间,使人类最终超越了与人类同期并存的其他动物,为人类争取了超越自然的生存条件。

最后,马克思和恩格斯对家国的论述建立在对原始物质文明有了一定发展的总结和梳理基础之上,并进一步明确了"生存的技术"对于人类文明进步的意义。恩格斯在《起源》里,对摩尔根论述的史前各文化阶段的历史分期,从物质文化角度进行了梳理。他认为:"蒙昧时代是以获取现成的天然物为主的时期;人工产品主要是用作获取天然产物的辅助工具。野蛮时代是学会畜牧和农耕的时期,是学会靠人的活动来增加天然产物生产的方法的时期。文明时代是学会对天然产物进一步加工的时期,是真正的工业和艺术的时期。"③经过蒙昧时代和野蛮时代物质文明的发展,社会分工促进了社会生产力的大发展,剩余产品就出现了,私人占有就有了物质上的

---

① 马克思:《古代社会史笔记》,人民出版社,1995年,第173页。

② 《马克思恩格斯选集》(第三卷),人民出版社,2012年,第492页。

③ 《马克思恩格斯选集》(第四卷),人民出版社,2012年,第35页。

条件,这给家庭和国家的产生奠定了物质基础。人类的生存技术在家庭和国家的产生与发展阶段也起着至关重要的作用。生存技术精巧,人类对物质资源的掌握利用就多,人类生活就自在顺利些,社会发展就快些,家国文明程度就高些,人们对家庭和国家的热爱之情就深厚些;反之,生存技术拙劣,人类对物质资源的掌握利用就少,人类生活就艰难些,社会发展就缓慢,家庭、国家文明程度低一些,人们就产生了对家国生活的不满和怨恨,就会想办法努力改变现实而促进家国物质文化的发展。

由此看出,生存技术对于人们的家国文化、家国情怀有着深刻的影响:先进的生存技术催生人们对家国的热爱之情,落后的生存技术催生人们改变家国落后面貌的创新奋斗之情。马克思和恩格斯作为哲学家和革命家能够抓住关涉人类家国发展的基础物质文化理论展开不懈研究,这也表现出革命家、理论家的家国情怀。

(二)自由、平等、忠贞是家国情怀传承的精神文化内核

在精神文化方面,马克思、恩格斯、列宁都认为随着历史的发展和物质文明的进步,阶级社会的精神文明在有些方面却在滑坡,社会不公、阶级压迫、道德堕落、人性自私的丑恶现象露出端倪。他们通过对爱情自由、婚姻伦理和家国制度关系的深刻剖析,来展现对自由爱情的热情讴歌、对两性平等的深切渴望、对人类德性解放的期待,体现了他们深层而博大的家国情怀。

首先,婚姻家庭的组建是对爱情自由的追求和社会责任担当的辩证统一。马克思、恩格斯、列宁都认为,人类婚姻家庭应该追求自由、幸福的爱情生活。马克思曾说:"如果你在恋爱,但没有引起对方的反应,也就是说,如果你的爱作为爱没有引起对方的爱,如果你作为恋爱者通过你的生命表

现没有使你成为被爱的人,那么你的爱就是无力的,就是不幸。"①这种真实的爱情来自灵魂深处,与外在的经济利益、社会关系、权势地位无关,是心灵自主的选择,展现了主体价值观的无意识的呈现。恩格斯也认为爱应该是相互的,只有建立在恋爱双方互爱基础上的婚姻才是具有德性的和自由的。列宁在马克思的互爱爱情观和恩格斯自由婚姻观的基础上,提出了家庭责任观。他指出:"恋爱牵涉到两个人的生活,并且会产生第三个生命,一个新的生命,这一情况使恋爱具有社会关系,并产生社会责任。"②列宁在这里强调了爱情婚姻的自由是有条件的,它是建立在社会责任的基础上的,这就进一步诠释了马克思关于"人是一切社会关系的总和"的论断,也深刻揭示了个人爱情婚姻家庭的社会发生、发展和存在规律,挖掘了个人婚姻家庭对于国家和社会的发展意义。三位无产阶级革命导师基于对爱情的原初心理构成要素、婚姻自由的动机选择和家庭社会责任必然要求的分析,向世人展示了他们对爱情婚姻及其社会关系的认识与纯粹而真切的家国情怀。

其次,家庭道德是夫妻双方性爱的自由与忠贞、离婚自由与理性的辩证统一。家庭道德对于维系家庭稳定、保持家庭关系和谐、促成良好的家风和社会风气至关重要。家庭道德的重心在于家庭成员关系道德,夫妻道德是家庭道德的核心。夫妻彼此性爱的忠贞是家庭道德最基本的要求,它表明夫妻之间彼此的互相尊重、互相信赖、互相爱恋、互相忠诚,它是两性和谐、家庭稳定的关键所在。维系这种忠贞,绝不能仅仅是外在的法律、金钱、权势、社会地位和物质利益,更本质、更为基础的是双方内心的自愿和坚守。在现实社会中,离婚自由的权利也是必要的。列宁认为:"谁现在不

① 《马克思恩格斯全集》(第四十二卷),人民出版社,2016年,第155页。
② [德]克·蔡特金:《列宁印象记》,马清槐译,生活·读书·新知三联书店,1979年,第69~70页。

要求充分的离婚自由,谁就不配作一个民主主义者和社会主义者,因为没有这种自由,被压迫的女性就会惨遭蹂躏"①,而且,"离婚的自由并不会使家庭关系'瓦解',而相反地会使这种关系在文明社会中唯一可能的坚固的民主基础上巩固起来"②。由此看出,离婚自由不仅在理论上说得通,在现实婚姻家庭社会中也十分必要。但要注意的是,这种离婚自由必须是一种理性的自由,是一种顾及对方感受和意愿、顾全家庭责任的自由。对此,马克思曾在《论离婚法草案》中提出,婚姻不是已婚者的任性行为和随心所欲的决定,恰恰相反,已婚者的任何决定和行为都应该服从婚姻的本质要求,那种仅仅想到两个人,而忘记了家庭的离婚,完全把婚姻家庭当儿戏,不值得提倡。只有婚姻的基础——爱情不在了,婚姻才可以结束。由此观之,三位无产阶级革命导师在家庭婚姻道德方面所持的观点十分深刻,也完全正确,它展现了无产阶级革命导师对婚姻家庭道德伦理的深刻认识,也展现了无产阶级革命导师顺应时代民主潮流发展,顺应广大人民现实生活的精神文化发展需要,顺应历史发展规律的伟大的家国情怀。

最后,理想家庭所崇尚的价值观应该是平等观念,它表现为夫妻平等互敬与孝悌尊长双向互敬的辩证统一以及权利与义务对等的辩证统一。三位革命导师认为,在未来理想家庭之中,遵从长幼有序、平等互爱的原则,讲究孝敬尊长、父慈子孝、兄友弟恭,其核心的价值理念仍旧应该是"互敬互爱"的平等理念以及权力和义务的对等理念。两性地位不平等是人类社会发展到一定阶段的产物。"母权制被推翻,乃是女性的具有世界历史意义的失败。丈夫在家中也掌握了权柄,而妻子则被贬低,被奴役,变成丈夫

---

① 《列宁选集》(第二卷),人民出版社,1992年,第779页。
② 《列宁选集》(第二卷),人民出版社,1992年,第396页。

淫欲的奴隶,变成单纯的生孩子的工具了。"①因为在家庭中,男子占据了绝对的财产所有权和分配权,女子只有依赖男子才能生存下去。在这个男性统治的世界里,所谓的文明,其实质无非就是用流俗的伪善来掩盖阶级剥削的基础,"它几乎把一切权利赋予一个阶级,另一方面却几乎把一切义务推给另一个阶级"②,并且对种种坏事披上爱的外衣粉饰它们。那么,如何实现两性的平等和妇女的解放? 恩格斯认为,"妇女的解放,只有在妇女可以大量地、社会规模地参加生产,而家务劳动只占她们极少的工夫的时候,才有可能"③。也就是说,只有消除阶级对立,消灭剥削制度,把私人的家务劳动逐渐融化在公共的事业中才能彻底实现广大妇女的解放和两性的平等。由此看来,平等观念是理想家庭社会所尊崇的价值核心,它是夫妻平等与孝老爱亲双向互敬的辩证统一以及家庭社会权利与义务对等的辩证统一,它展现了无产阶级革命导师对家庭社会核心价值理念的深刻认识和对人类家庭社会两性解放的伟大情怀。

(三)民主制替代专制奴役制是家国情怀传承的制度化趋势

在制度文化方面,马克思、恩格斯、列宁用唯物主义观点来审视家庭和国家的产生、家国关系、家庭内部成员关系以及家国发展和消亡规律,他们认为,家庭产生于财产私有制度,国家产生于社会分工与阶级对立,家国消亡在于建立民主制度、消除阶级对立、取代专制和奴役制、实现人类解放,这是对人类社会家国发展的历史规律性认识,展现了无产阶级革命导师对家国发展变化的规律性认识和历史唯物主义的伟大情怀。

---

① 《马克思恩格斯选集》(第四卷),人民出版社,2012年,第66页。
② 《马克思恩格斯选集》(第四卷),人民出版社,2012年,第194页。
③ 《马克思恩格斯选集》(第四卷),人民出版社,2012年,第178~179页。

首先,家庭孕育于氏族,产生于财产私有制度。在家庭出现之前,人类奉行氏族制度。氏族制度包括氏族、胞族、部落、部落联盟等历史发展阶段的组织结构。这种简单的组织是在适应社会状态中逐渐自然成长的,它能够处理来自社会内部的一切冲突,对外则靠战争来解决自然资源利用和占有的矛盾冲突。随着三次人类社会大分工,逐渐产生了私有财产、家庭、私有制和阶级,最终导致氏族制度的解体。恩格斯认为社会分工产生了个人之间的交换,专业的分工促进了生产的发展,发展了的生产导致剩余产品的出现,于是出现了私有财产和剥削。第一次社会大分工促使频繁的交换成为可能,生产力的继续发展,就逐渐出现了私有财产。氏族部落间的战争俘虏正好满足了新劳动力的需要,于是,俘虏不再被砍杀,而成了战争胜利部族的奴隶。奴隶制就此产生。"从第一次社会大分工中,也就产生了第一次社会大分裂,分裂为两个阶级:主人和奴隶、剥削者和被剥削者。"①第二次社会大分工(手工业和农业的分离)促成了直接以交换为目的的商品生产,旧的共产制家庭公社和土地共同耕作制度被取消,耕地被永久性地分给个体家庭,个体家庭成为社会的经济单位,个体家庭劳作的勤与懒、巧与拙造成社会的贫富分化。与私有财产制度相配套的是婚姻制度也由对偶婚制过渡到专偶制,氏族制度渐渐被时代所淘汰。恩格斯指出:"专偶制是不以自然条件为基础,而以经济条件为基础,即以私有制对原始的自然产生的公有制的胜利为基础的第一个家庭形式。丈夫在家中居于统治地位,以及生育只可能是他自己的并且确定继承他的财产的子女"②,所以,个体婚制"是作为女性被男性奴役,作为整个史前时代所未有的两性冲突的

---

① 《马克思恩格斯选集》(第四卷),人民出版社,2012年,第178页。
② 《马克思恩格斯选集》(第四卷),人民出版社,2012年,第75页。

宣告而出现的"①。

其次,国家产生于社会分工、产品交换和阶级矛盾不可调和。伴随着第三次社会大分工(商业和产业的分离),商人阶级和金属货币诞生,土地私有权的确立引发的阶级矛盾不可调和。"同一氏族内部的财产差别把利益的一致变为氏族成员之间的对抗"②,阶级斗争的尖锐化促生了国家。恩格斯总结道:"这种从社会中产生但又自居于社会之上并且日益同社会相异化的力量,就是国家。"③至此,野蛮社会完成了向文明社会的过渡。

再次,家国关系在阶级社会是一种经济剥削关系和阶级压迫关系。恩格斯在国家和原始的氏族组织的比较中指出,国家具有"按地区划分它的国民"和设置"公共权力"机构的特征。由于生产的发展,产品交换使得人口大规模流动,国家不再像旧的氏族公社那样依靠血缘关系形成和连接,而是由地区划分。按地区划分,主要是便于流动的人口在其居住地来实现他们的公共权力和义务。在《起源》中,恩格斯认为国家"这种公共权力已经不再直接就是自己组织为武装力量的居民了"④,其目的就是要控制奴隶和公民,使他们都服从于公共权力,于是警察、监狱等暴力机构也就诞生了。因此,国家不仅是阶级统治的工具,是阶级压迫组织化、合法化的暴力工具。国家还具有公共事务职能,"为了维持这种公共权力,就需要公民缴纳费用——捐税"⑤,如果捐税不够用了,"国家就发行票据,借债,即发行公债"⑥。这就是在阶级社会中,统治阶级所在家庭在国家经济、政治上都居

---

① 《马克思恩格斯选集》(第四卷),人民出版,社2012年,第75页。
② 《马克思恩格斯全集》(第四十五卷),人民出版社,2003年,第522页。
③ 《马克思恩格斯选集》(第四卷),人民出版社,2012年,第187页。
④ 《马克思恩格斯选集》(第四卷),人民出版社,2012年,第187页。
⑤ 《马克思恩格斯选集》(第四卷),人民出版社,2012年,第188页。
⑥ 《马克思恩格斯选集》(第四卷),人民出版社,2012年,第188页。

于统治地位,他们代表国家对被统治阶级所在家庭实现经济上的剥削和政治上的压迫。

最后,人类解放和国家消亡的条件在于消除阶级对立、建立民主制度。在《起源》的结尾,恩格斯借用摩尔根的话来指明文明时代的历史性和未来共产主义社会到来的必然性:"管理上的民主,社会中的博爱,权利的平等,教育的普及,将揭开社会的下一个更高阶段……这将是古代氏族的自由、平等和博爱……在更高形式上的复活。"①关于未来社会,马克思、恩格斯认为:"代替那些存在着阶级和阶级对立的资产阶级旧社会的,将是这样一个联合体,在那里,每个人的自由发展是一切人的自由发展的条件。"②文明时代的国家应该怎样完成历史使命? 主要可以分三步来完成这一历史使命。第一,大力发展生产力,提高综合国力,为消灭阶级对立、实现未来共产主义社会积累物质条件。第二,大力发扬民主,传承中华优秀传统文化,开创符合时代要求的先进文化,积极开展政治文明建设和精神文明建设,为创建自由人联合体创造政治条件和精神文化条件。这种自由人联合体是"生产者自由平等的联合体"③。第三,大力倡导互惠性社会关系,积极推进社会文明建设,重点是推进国家治理体系和治理能力现代化,为实现"每个人都能自由发展,且每个人的自由发展是一切人的自由发展的条件的社会"创造有利的社会关系条件。到那个时候,阶级不可避免地要消失,国家也随着消失,广大妇女彻底得到解放,全人类都得到彻底解放,以至于最终实现马克思、恩格斯在《德意志意识形态》中的期望:"使我有可能随着自己的兴趣今天干这事,明天干那事,上午打猎,下午捕鱼,傍晚从事畜牧,晚饭后

---

① 《马克思恩格斯选集》(第四卷),人民出版社,2012年,第195页。
② 《马克思恩格斯文集》(第二卷),人民出版社,2009年,第53页。
③ 《马克思恩格斯选集》(第四卷),人民出版社,2012年,第190页。

从事批判。"①对未来家国社会发展前景的论述不仅展现了无产阶级革命导师对社会历史发展的深刻认识,而且展现了革命导师对家国社会未来发展道路光明前景的预言和判断,展现了革命导师伟大的家国情怀。

二、中国古往今来典型主体的家国情怀分类举要

自古以来,国家正史记录和流传下来的主要是封建帝王治理国家、封建国家治理体系下臣子和士人们忠君报国的历史故事,其间也不乏少量劳苦大众起义革命的记载,反映了不同阶层主体的家国情怀。这里从社会典型主体角度,按照帝王情怀、英雄情怀、义士情怀、人民情怀的分类顺序作以简要呈现。

(一)帝王情怀

"帝王情怀"是帝王家国情怀的简称。帝王的责任在于组织民众开展战天斗地的生产活动和社会文化活动,顺应天道,安邦卫民,奔向大同。帝王情怀经历了天下为公向天下为家的历史转变。天下为公,表明所有资源和权力属于大家共同拥有,反映了氏族制度的民主本质。所谓天下为家,指帝王把天下资源和国家政权据为己有,当作一家的私产,世代相传。"家天下"是历史发展到一定阶段的产物。从天下为公向天下为家转变的核心动因是生产力的发展。在生产力低下的状态下,私欲可以调动和激发人们的生产创造欲,从而推动生产力的发展。在人类社会发展过程中,居于人类社会组织首领地位的各代帝王(除了少数昏庸无能的之外)大部分都对

---

① 《马克思恩格斯文集》(第一卷),人民出版社,2009年,第537页。

社会发展、家国治理居功至伟、作用巨大,在带领人民建设幸福家园、保卫国家、不断提升人民生活水平方面作出了巨大贡献,展现了豪迈的帝王情怀。

1.顺天承道,安邦仁民

帝王情怀表现在英明帝王的"顺应天道,安邦仁民"思想理论和家国治理政绩上。何谓天道?"天之道,损有余而补不足"①,天道的秘密在于"道法自然"②;对人类社会而言,"天下非一人之天下,乃天下之天下……道之所在,天下归之"③,民意就是天大的治理法则,即所谓"天道"。帝王必须做到"天视自我民视,天听自我民听"④。因此,天道就是自然,就是民意。"顺天承道,安邦仁民"的具体要求和标准在古代体现在哪些方面呢?"君者,善群也。群道当则万物皆得其宜,六畜皆得其长,群生皆得其命。故养长时则六畜育,杀生时则草木殖,政令时则百姓一,贤良服。圣王之制也,草木荣华滋硕之时则斧斤不入山林,不夭其生,不绝其长也;鼋鼍、鱼鳖、鳅鳝孕别之时,罔罟、毒药不入泽,不夭其生,不绝其长也;春耕、夏耘、秋收、冬藏,四者不失时,故五谷不绝而百姓有余食也;污池渊沼川泽,谨其时禁,故鱼鳖优多而百姓有余用也;斩伐养长不失其时,故山林不童而百姓有余材也。"⑤这些都是顺应自然、顺应天道民意的具体要求。那么,古代君王做得如何呢?"五帝三王之治天下,不敢有君民之心,什一而税,教以爱,使以忠,敬长老,亲亲而尊尊,不夺民时,使民不过岁三日,民家给人足。"⑥"昔者神

---

① 《道德经》第七十七章。
② 《道德经》第二十五章。
③ 《六韬·文师》。
④ 《尚书·泰誓》。
⑤ 《荀子·王制》。
⑥ 《春秋繁露·王道》。

农之治天下也,神不驰于胸中,智不出于四域,怀其仁诚之心。甘雨时降,五谷蕃殖,春生夏长,秋收冬藏。月省时考,岁终献功,以时尝谷,祀于明堂。明堂之制,有盖而无四方,风雨不能袭,寒暑不能伤,迁延而入之,养民以公。其民朴重端悫(què),不纷争而财足,不劳形而功成。因天地之资而与之和同,是故威厉而不杀,刑错而不用,法省而不烦。故其化如神。其地……莫不听从。当此之时,法宽刑缓,囹圄空虚,而天下一俗,莫怀奸心。"①"帝尧,曰放勋,钦明文思安安,允恭克让,光被四表,格于上下。克明俊德,以亲九族。九族既睦,平章百姓。百姓昭明,协和万邦。黎民於变时雍。"②由此看出,三皇五帝在顺应天道,安邦仁民这些方面做出了表率,这也展现了中华始祖帝王们在家国文明开创时期豪迈的帝王情怀。

2.惟德是辅,选贤与能

帝王情怀表现在英明帝王的"惟德是辅,选贤与能"思想理论和家国治理政绩上。国家治理事务繁杂,必须善于识别人的德性与才干,选贤任能。"天子居广厦之下,帷帐之内,旃茵(zhān yīn)之上,被躧舄(xǐ xì),视不出闑(kǔn),莽然而知天下者,以其贤左右也。故独视不若与众视之明也,独听不若与众听之聪也,独虑不若与众虑之功也。故明王使贤臣,辐凑并进,所以通中正而致隐居之士。"③帝王如能"尊贤使能,俊杰在位,则天下之士皆悦而愿立于其朝矣"④。在《尚书·尧典》里记载了舜帝与十二州的诸侯君长们谋划政事、选贤与能的故事。舜帝任命禹为百揆,去平定水土;让弃主持农业,教人们播种五谷;任命契做司徒,施行五常教育;任命皋陶为士,执掌法律;任命垂掌管百工;任命益作虞官,管理自然资源;任命伯夷掌管祭祀;

---

① 《淮南子·主术训》。
② 《尚书·尧典》。
③ 《韩诗外传》(卷五)。
④ 《孟子·公孙丑上》。

任命夔(kuí)负责典乐;任命龙作纳言的官。二十二名贤者根据其德性和才干各得受命,各负其责,作为天子的舜帝就能垂裳而治,出现了孔子向往的大同之世。无独有偶,周朝的文王姬昌、武王姬发,汉朝的太祖高皇帝刘邦、武帝刘彻、世祖光武皇帝刘秀,唐朝的太宗李世民,宋太祖赵匡胤,清朝的康熙、雍正、乾隆等皇帝都有"惟德是辅,选贤与能"的美名,形成了历史上各个时期的太平盛世,展现了各代皇帝高超的领导才能和殚精竭虑治理国家的帝王情怀。

3.克己修身,戒欲以勤

帝王情怀表现在英明帝王的"克己修身,戒欲以勤"思想理论和家国治理政绩上。黄帝曰:"安乐必戒,无行所悔……执雌持下,莫能与之争者。"① 作为帝王,地位显赫,一言一行都需谨慎,要时时处处成为万民的表率,这就需要克己修身,戒欲以勤。"帝尧王天下之时,金银珠玉不饰,锦绣文绮不衣,奇怪珍异不视,玩好之器不宝,淫佚之乐不听,宫垣屋室不垩,甍(méng)、桷(jué)、椽(yuán)、楹(yíng)不斫,茅茨偏庭不剪。鹿裘御寒,布衣掩形,粝粢(lì zī)之饭,藜藿(lí huò)之羹。不以役作之故,害民耕织之时。削心约志,从事乎无为。吏忠正奉法者,尊其位;廉洁爱人者,厚其禄。民有孝慈者,爱敬之;尽力农桑者,慰勉之。旌别淑慝(tè),表其门闾。平心正节,以法度禁邪伪。所憎者,有功必赏;所爱者,有罪必罚。存养天下鳏、寡、孤、独,振赡祸亡之家。其自奉也甚薄,共赋役也甚寡。故万民富乐而无饥寒之色,百姓戴其君如日月,亲其君如父母。"② 不只是"天下为公"的家国未分时代三皇五帝能够如此,"天下为家"的家国一体时代、家国天下时代的英明帝王亦能做到"克己修身,戒欲以勤"。唐太宗告诫太子和亲

---

① 《金人铭》。
② 《六韬·盈虚》。

属:"夫帝子亲王先须克己,每著一衣,则悯蚕妇;每餐一食,则念耕夫。至于听断之间,勿先恣其喜怒。朕每亲监庶政,岂敢惮于焦劳!汝等勿鄙人短,勿恃己长,乃可永久高贵以保终吉。"①此外,他还作《帝范》十二篇,传授给太子李治,保持了李唐王朝在家国治理史上的兴旺巅峰。不只是汉族英明帝王能做到"克己修身,戒欲以勤",满族英明帝王的表现也令人称道,例如,康熙帝爱新觉罗·玄烨。他在《庭训格言》中对太子和后人提出了勤奋读书、明理为要的要求:"训曰:凡人修身治性,皆当谨于素日……训曰:读书以明理为要。理既明则中心有主,而是非邪正自判矣。遇有疑难事,但据理直行,则失俱无可愧。《书》云:'学于古训乃有获。'凡圣贤经书,一言一事俱有至理,读书时便宜留心体会,此可以为我法,此可以为我戒。久久贯通,则事至物来,随感即应,而不特思索矣。"②康熙帝积极倡导中国多民族团结统一,奠定了清王朝两百多年的统治。由此看出,这些英明的帝王不仅在国家治理方面功绩卓著,在治学修身、克己奉德、养生教子等方面也为人津津乐道,成为齐家治国的楷模典范,展现了戒欲为公、克己爱民的帝王情怀。

(二)英雄情怀

英雄情怀是指才智和胆气过人的人为维护家国利益做出不寻常事迹的高尚情感和胸怀。汉灵帝时代的刘劭曾云:"聪明秀出,谓之英;胆力过人,谓之雄。"③英雄者,常有气吞山河之势,凌云之志,腹纳四海之量,担道义于铁肩,救黎民于水火,解危难于倒悬。在家危国难来临之际,英雄们从

---

① 《戒皇族·国朝太宗类苑》。
② 《庭训格言》。
③ 《人物志·英雄》。

来不知退缩,此所谓"国之兴,盗贼随英雄立功;国之败,官吏同无赖轻法"①。习近平强调:"我们要铭记一切为中华民族和中国人民作出贡献的英雄们,崇尚英雄,捍卫英雄,学习英雄,关爱英雄。"②

1.精忠报国,鞠躬尽瘁

英雄情怀首先表现在武将文官的"精忠报国,鞠躬尽瘁"思想理念和言行上。"鞠躬尽瘁,死而后已"的典故表现的是三国时期政治家、军事家诸葛亮的英雄风采。纵观诸葛亮的一生,舌战群儒、草船借箭、空城计等事迹展现了孔明先生的英雄气概;在蜀国国力相对较弱的情况下,以攻为守,七出祁山,兢兢业业地辅佐幼主,最后病死在军中的事迹,更彰显出诸葛亮鞠躬尽瘁,死而后已的英雄情怀。当代共产党员"两弹一星"元勋钱学森,航母英雄罗阳,党的好干部牛玉儒、任长霞、孔繁森、杨善洲都是各领域的英雄人物,在他们身上彰显着"鞠躬尽瘁,死而后已"式的英雄情怀和家国情怀。在清朝之前,"精忠报国"为"尽忠报国"③(也有版本"尽忠保国"),后演化为"精忠报国"。

2.孤胆面难,临危不惧

英雄情怀表现在个体身处险境的"孤胆面难,临危不惧"思想理念和言行上。孤胆英雄者,藐视一切强权、暴力、危险,傲视群雄,面对强敌犹敢机智斗争,临危不惧,不惜殒命,也要捍卫信仰、尊严和自由,令世人敬畏称颂。在历史上,孤胆英雄的故事也不乏于现实社会,例如,春秋战国时期"弦高存郑"和"子贡全鲁"的故事。《史记·郑世家》中记载:"秦缪公使三将将兵欲袭郑,至滑,逢郑贾人弦高诈以十二牛劳军,故秦兵不至而还,晋败

---

① 《载敬堂集·民说》。

② 《图文故事:习近平的英雄情怀》,新华网,2019-04-04,http://www.xinhuanet.com/politics/xxjxs/2019-04/04/c_1124325411.htm。

③ 《宋史·岳飞传》。

之于崤"①。"子贡一出,存鲁、乱齐、破吴、强晋而霸越。"②从保家卫国的角度看,弦高和子贡都可称得上家国英雄。他们凭借自己的智慧,机智勇敢地改变了战争动向,使得自己国家化险为夷,展现了爱国主义的英雄情怀。还有让历史为之震撼的各时代、各领域的孤胆英雄们:尝百草的神农、出使西域的张骞、北海牧羊的苏武、西行求法的玄奘、东渡传法的鉴真、云游全国的徐霞客。他们为了不同的理想和使命,独自克服千难万苦,努力成就毕生志向,演绎了成就梦想的家国英雄情怀。在我国抗日战争时期,也出了不少孤胆小英雄,如:少年英雄王二小、送鸡毛信的海娃、小英雄雨来、小兵张嘎等。这些孤胆英雄为了民族解放的壮丽事业作出了巨大贡献,有的献出了宝贵生命,展现了机智的英雄情怀。更有现代科技领域航天英雄杨利伟、试飞员李中华、飞行员王伟在独立面对生死危险时临危不惧,努力维护国家尊严、保护国家财产和国防安全,完成各项危险航行任务,用意志和生命演绎了感人的英雄情怀。

3."舍家为国,一往情深"的英雄情怀

毛泽东的家国情怀表现在对家人的舍家为国的矛盾对立情结而又一往情深上。这种矛盾对立,主要表现在毛泽东与父亲、与妻子、与儿子之间的关系处理上,而一往情深也表现在对父母的尊敬,对妻子的依恋和对晚辈的关心照顾和严格教育上。毛泽东与父亲之间既充满了矛盾与斗争,也弥漫着敬重与思念。少年毛泽东对父亲"小农"的自私、"家长"专制思想的确心怀不满,但正是父亲的严厉,使他从小就能吃苦耐劳、独立自主而又执着顽强;而父亲"小农"的自私,让他懂得在革命斗争中维护劳苦大众切身利益的道理。毛泽东母亲文七妹宅心仁厚,温良谦和,对他影响至深。

---

① 《史记·郑世家》。
② 《史记·仲尼弟子列传》。

毛泽东对妻子、对孩子以及身边工作人员的关爱都是对母爱的传承。毛泽东与杨开慧的姻缘最为人所津津乐道。他专门为杨开慧写过三首诗词。《虞美人·枕上》表达了青年毛泽东为革命奔波,夫妻聚少离多的相思之苦:"堆来枕上愁何状,江海翻波浪……一钩残月向西流,对此不抛眼泪也无由"①。《贺新郎·别友》书写了夫妻离别之情:"更那堪凄然相向,苦情重诉。眼角眉梢都似恨,热泪欲零还住……汽笛一声肠已断,从此天涯孤旅"②。《蝶恋花·答李淑一》表明了对亲情、爱情、友情的惋惜留念和敬仰之情:"我失骄杨君失柳……万里长空且为忠魂舞。"③爱妻愈深,教儿愈严。毛泽东对子女的教育极严,特别是对毛岸英的教育培养尤其严厉。岸英年轻时被送到苏联参加卫国战争;1946年,岸英回国,立马被派下乡务农;解放后,岸英被派到工厂学工,后又赴朝作战牺牲。由此看出,伟人毛泽东"舍家为国、一往情深"的英雄情怀。

4.抢险救灾,抗疫保安

英雄情怀还表现在和平建设时期遇到意外安全事故和自然灾害时的"抢险救灾,抗疫保安"思想理念和行动上。传统社会盛赞个人英雄,现代社会崇尚人民英雄。我国是个幅员辽阔的大国,在和平建设时期常常遇到一些生产安全事故和自然灾害事件。例如,交通安全事故,煤矿塌方事故,建筑塌方事故,森林火灾,地震,洪灾等。1998年抗洪抢险、2008年抗震救灾、2003年抗击"非典"和2020年抗击新冠肺炎这几场国家组织的大规模的抢险救灾活动给人们留下深刻印象,其间涌现了无数个勇士和英雄集体。

---

① 麓山子编著:《毛泽东诗词赏读》,陕西出版传媒集团、太白文艺出版社,2015年,第17页。

② 麓山子编著:《毛泽东诗词赏读》,陕西出版传媒集团、太白文艺出版社,2015年,第22~23页。

③ 麓山子编著:《毛泽东诗词赏读》,陕西出版传媒集团、太白文艺出版社,2015年,第194页。

（三）义士情怀

义士情怀是指心怀正义之士以自己的勇武、才能、资源和权力倾其所有而不计回报地支持受社会不义势力压迫、欺凌的弱者,而展现的正义情感与胸怀。"义者,心之制,事之宜也。"①《说文解字》云:"義,己之威仪也,从我羊","我"把"羊"举在头顶,意即为了公平和信仰而奋斗。所谓"正义",就是"无偏无陂,遵王之义;无有作好,遵王之道;无有作恶,遵王之路"②。"义"作为传统道德文化"五常"之一,成为维护国家长治久安的重要精神支柱。

1.孝义:天经地义,孝悌兴国

义士情怀首先表现在主体对家亲互爱、敬长怜幼方面的孝义情感和胸怀,这既是人伦的基本要求,也可以造福国家。

百善孝为先,亲源孝悌。《孝经》有云:"夫孝,天之经也,地之义也,民之行也。"③从"孝"的结构看,"耂"代表一个不完整的"老人","子"代表一个年幼的"小孩","孝"从形象上看,代表老人伸出双手抚摸身下的小孩,而小孩温顺地接受老人的爱抚。从文化意蕴上看,代表老人已经身体衰弱,需要子女的扶持和照顾。由"孝"字造字结构和文化意蕴看,它表达了中国传统文化中"父慈子孝,尊老爱幼"的思想道德。《诗经》曰:"蓼蓼者莪(é),匪莪伊蒿。哀哀父母,生我劬(qú)劳。"④"身体发肤,受之父母,不敢毁伤,孝之始也。立身行道,扬名于后世,以显父母,孝之终也。战战兢兢,如临深渊,

---

① 《孟子集注》。
② 《尚书·洪范》。
③ 《孝经·三才》。
④ 《诗经·小雅·蓼莪》。

始于事亲,中于事君,终于立身。"①《尔雅》云:"善事父母为孝"②;汉代贾谊的《新书》:"子爱利亲谓之孝"③;许慎《说文解字》:"孝,善事父母者。从老省、从子,子承老也。"④"孝"率先出现的原因在于人们相信"人性本善"。《尔雅·释训》云:"顺父母为孝,善兄弟为友"⑤;《说文解字》云:"同志为友,从二又相交",段玉裁注之曰:"二又,二人也,善兄弟为友,亦取二人而如左右手也"。⑥兄弟之间共患难易,共富贵难,往往会为了争权夺利而阋于墙,乃至干戈相见,所以传统的教育就注意从小处理好兄弟之间的关系。

入孝出悌,孝悌有则。对"孝道",孔子提出了一系列标准,第一,孝行之基,是谓能养、爱众亲仁。"入则孝,出则悌,泛爱众,而亲仁,行有余力,则以学文。"⑦第二,孝行之重,在心存礼敬。礼敬表现在事亲、恭顺、不违、色难、少忧、不怨。子曰:"今之孝者,是谓能养。至于犬马,皆能有养;不敬,何以别乎?"⑧对父母心存敬爱不仅仅表现在对父母的言谈举止态度上,而且表现在生活许多日常细节之中。子曰:"事父母几谏,谏志不从,又敬不违,劳而不怨。"⑨子夏问孝,子曰:"色难。"⑩孟武伯问孝。子曰:"父母唯其疾之忧。"⑪孟懿子问孝。子曰:"无违。""生,事之以礼;死,葬之以礼,祭之

---

① 《孝经·开宗明义》。

② 《尔雅》。

③ 《新书》。

④ 《说文解字》。

⑤ 《尔雅·释训》。

⑥ 张锡勤、柴文华:《中国伦理道德变迁史稿》,人民出版社,2008年,第66页。

⑦ 《论语·学而》。

⑧ 《论语·为政第二》。

⑨ 《论语·里仁》。

⑩ 《论语·为政》。

⑪ 《论语·为政》。

以礼。"① "于礼有不孝者三事,谓阿意曲从,陷亲不义,一不孝也;家穷亲老,不为禄仕,二不孝也;不娶无子,绝先祖祀,三不孝也。"②三者之中,"无后为大"③。第三,孝行讲究子传父业。"夫孝,德之本也,教之所由生也。……立身行道,扬名于后世,以显父母,孝之终也。"④第四,孝行要做到"守义"。孔子认为:"父有争子,则身不陷于不义。故当不义,则子不可以不争于父。"⑤这就是说,在遇到与父母发生价值观矛盾冲突时,要注意"守义论孝、诤谏守义"。真正的大孝在于遵从大义,而不仅仅在于听从父母的教导之言,此所谓"孝义"。在家要讲究孝道,出门则要尊重兄长,即所谓的"入则孝,出则悌"。"悌"与"友"是兄弟伦理要求。在西周时期,"友"是仅次于"孝"的重要观念,因而,在先秦文献里往往"孝""友"连称。《诗经·六月》云:"张仲孝友"⑥,《尚书·康诰》云:"元恶大憝,矧惟不孝不友。"⑦"友"乃兄弟之德。甲骨文中的兄,上为"口",下为匍匐的人,像一个人在对天祈祷,是"祝"的本字。在古代能代表本族祈祷的年龄大的,那就是哥哥,所以"兄"的本义就是"兄长"。《尔雅》有言:"男子先生为兄。"⑧也用于对他人的尊称。《三国志》云:"共进与伯符同年,小一月耳,我视之如子也,汝其兄事之。"⑨甲骨文的弟,像将绳索围绕竖立有叉的短木桩,一圈一圈的就有了"次第",弟的本义就是次第。《说文解字》云:"弟,韦束之次第也。"后来,引

---

① 《论语·为政》。
② 《十三经注疏》。
③ 《孟子·离娄上》。
④ 《孝经·开宗明义》。
⑤ 《孝经·谏诤章》。
⑥ 《诗经·六月》。
⑦ 《尚书·康诰》。
⑧ 《尔雅·释亲》。
⑨ 《三国志》。

申为弟弟。兄弟手足、父子情深,铁板一块。兄弟,有福可能不必同享,但有难必定同当。杨家将、管鲍之交、桃园三结义都是对兄弟之情的最好诠释。总之,古代圣贤对孝悌之道提出了多条标准,反映了古人对家庭孝道伦理的思考,展现了圣贤先哲对家庭治理的眷眷深情,映射出古人对家之"情"始于"孝"的规律的思考。

2.忠义:居中正德,敬上尽责

义士情怀表现在从政者"居中正德,敬上尽责"的理念和言行中。"君使臣以礼,臣事君以忠。"①所谓"忠义",是指臣子对君上秉持尽责敬上、正德而行的价值理念和行为方式。忠义与孝义联系紧密,分别对应着国道与家德理念。

孝悌养德,义在忠国。家国情怀起于对家国伦理关系的深入思考,从小在家涵养孝悌之德,树立正直的价值观,忠义就水到渠成,"孝"就能转化为对国之"忠"。何谓"忠"?"忠,德之正也"②;"忠,敬也,尽心曰忠"③;"天下至德,莫大乎忠""忠也者,一其心之谓也"④。在春秋之前的宗法社会,"忠"与"孝"保持着高度一致性。"夫孝,始于事亲,忠于事君,终于立身。"⑤"事君不忠,非孝也。"⑥但在宗法社会日益解构的战国时代,忠孝的方向不是天然一致,甚至出现了尖锐的对立和冲突。儒家以"孝"为一切伦理道德的基础,推己及人,由家至国,忠孝一体,忠以孝基,倘若弃"孝","忠"也不成立了。所以,在忠孝不能两全时,唯有"弃忠全孝"才合逻辑。孔子曾有

① 《论语·八佾》。
② 《曾子·子思子》。
③ 《说文解字》。
④ 《忠经·天地神明章第一》。
⑤ 《孝经·开宗明义章》。
⑥ 《吕氏春秋·孝行览》。

"父为子隐,子为父隐"①的忠孝之辩,孟子也有为舜"窃负而逃"②的权宜之说。在这种逻辑下,选择"以忠尽孝",认为"忠"只是"孝"的手段是理所当然的。也有的人选择"尽孝为尽忠"。在中国传统社会,似乎这种"忠孝不并""忠孝难两全"的矛盾对立问题只交由个人去处理,并不能简单地以道德对其进行考量。所谓"忠孝不并",指忠孝难以两全。"忠孝不并,我儿须人辅弼,卿宜抑割,岂可徇私情?"③当人们遇到忠孝难以两全时,有的人选择"弃忠尽孝",有的人选择"尽忠弃孝"。

孝忠一体,忠孝瑞国。自古忠孝难两全,如何处理忠孝之间的关系呢?首先,忠于国家是对忠孝矛盾的超越。当"忠"与"孝"发生矛盾时,对于个人的选择,难以用道德来评价孰优孰劣,然而作为国家的制度伦理安排,则必须作出优先权的次序决定。史载"太子曹丕燕会,曰:'君父各有笃疾,有药一丸,可救一人,当救君邪?父邪?'众人纷纭,或父或君?时原在坐,不与此论。太子咨之于原,原勃然对曰;'父也!'太子亦不复难之"④。从封建王权统治角度来看,在事关皇帝安危、皇权稳定这一根本原则性问题上,封建统治者只可能作出"先忠后孝"的制度抉择,可见,封建社会的"孝"是为"忠"服务的,如果"孝"威胁到"忠",威胁到统治者的切身利益了,则要优先选择"忠"。忠孝矛盾的内在本质在于君权与父权的矛盾冲突、公与私的矛盾冲突、人的自然性和社会性的矛盾冲突。在封建社会,忠孝矛盾时,封建制度伦理要求"忠"在"孝"前,优先选择"忠"。其次,忠义是对"愚忠""愚孝"盲从的价值超越。儒家对待忠孝关系,还有更深一层的协调机制。对

---

① 《论语·子路》。
② 《孟子·尽心上》。
③ 《大唐故柱国燕国公于君碑铭》。
④ 《三国魏志》(卷11)《邴原传》注引《原别传》。

于忠君和孝父,都不是无原则的服从,"忠"的底线是"匡救其恶","孝"的底线是不让父亲"身陷不义"。孔子曾说:"出则事公卿,入则事父兄"[1];"其为人也孝悌,而好犯上者,鲜矣;不好犯上,而好作乱者,未之也"[2]。孔子的价值选择是符合封建社会的制度伦理价值选择发展方向的。忠、孝如果发生矛盾,则要选择"大忠""正义"。在《荀子·子道》里,曾记载着这样一段故事。鲁哀公问于孔子曰:"子从父命,孝乎?臣从君命,贞乎?"三问,孔子不对。孔子趋出,以语子贡曰:"乡者,君问丘也,曰:'子从父命,孝乎;臣从君命,贞乎'。三问而丘不对,赐以为何如?"子贡:"子从父命,孝矣;臣从君命,贞矣;夫子有奚对焉。"孔子曰:"小人哉,赐不识也!昔万乘之国有争臣四人,则封疆不削;千乘之国有争臣三人,则社稷不危;百乘之家有争臣二人,则宗庙不毁。父有争子,不行无礼;士有争友,不为不义。故子从父,奚子孝?臣从君,奚臣贞?审其所以从之之谓孝、之谓贞也。"[3]最后,忠孝一体统合了矛盾对立关系,成就了瑞国的目标。中国古代的社会组织特点是"家国同构",在理论上"忠孝一体"。第一,忠、孝的德性要求都在于"顺从权威";第二,忠、孝在人伦观念上都是以上为尊;第三,忠、孝是人生价值一体两面的呈现;第四,中华传统道德伦理讲究"移孝为忠"。在集体利益面前,更崇尚个人的价值奉献,颂扬"舍小家为大家"的价值伦理选择。

廉能正国,久治依廉。义士情怀还表现在为政者"一身正气,两袖清风"的理念和言行中。秉持清正、刚直的价值观,不为邪利所惑的气节和言行,谓"廉"。"廉者,清也,稜也"[4]清廉者,犹如纯洁的水,"水一则人心正,水

---

① 《论语·子罕》。
② 《论语·学而》。
③ 《荀子·子道》。
④ 《广雅》。

清则民心易。人心正则欲不污,民心易则行无邪"①。为政者如果都能思想端正,欲望就不会玷污其行为,就像水那样清澈干净。"其行水也。美哉乎清清!其浊无不雩途,其清无不洒除也。是以长久也。"②由此可见,廉政可以使政权长久运行。从执政角度看,"廉者,政之本也,民之惠也"③。因此,官员要带头保持廉洁,成为民众的表率。"廉者,民之表也;贪者,民之贼也。"④清官的标准是什么呢?"一曰廉善,二曰廉能,三曰廉敬,四曰廉正,五曰廉法,六曰廉辨。"⑤能达到这些标准的官员,历史上不乏其人。孔子在从政生涯就做到了公私分明、廉洁清明。孔子认为:"不义而富且贵,于我如浮云"⑥,为官之道应该是"君子惠而不费,劳而不怨,欲而不贪,泰而不骄,威而不猛"⑦。三国时期蜀国丞相诸葛亮也是一位廉吏。他在上书给皇帝的信中深情地写道:"若臣死之日,不使内有余帛,外有赢财。"⑧东汉安帝时期的杨震从荆州刺史调任东莱太守,路过昌邑,该县县令欲报答杨震昔日提携之恩,夜送十金,劝说杨震趁深夜无人知道收下礼物,杨震义正词严回绝道:"天知,神知,我知,子知。何谓无知?"⑨这个暮夜却金的故事从此千古流传,后人称杨震为"四知太守"。宋代包拯为拒寿礼,题诗云:"铁面无私丹心忠,做官最怕叨念功。操劳本是分内事,拒礼为开廉洁风。"⑩元代揭侯斯受命修史,秉笔直书道:"廉非为政之极,而为政必自廉始。惟廉则欲

---

① 《管子·水地》。
② 《晏子春秋·内篇问下》。
③ 《晏子春秋·内篇杂下》。
④ 《乞不用赃吏疏》。
⑤ 《周礼·天官冢宰》。
⑥ 《论语·述而》。
⑦ 《论语·尧曰》。
⑧ 《三国志·蜀书·诸葛亮传》。
⑨ 《后汉书·杨震传》。
⑩ 《拒寿礼》。

必寡,寡欲必公。"①明代苏州知府况钟赴京述职,苏州大小官吏和百姓纷纷赠礼送行,况钟全部拒收,并写诗明志:"清风两袖朝天去,不带江南一寸棉。"②明代于谦也是每次空囊进京奏事,写诗云:"清风两袖朝天去,免得闾阎话短长。"③清代顾炎武认为"礼义廉耻,国之四维。四维不张,国乃灭亡。""廉耻,立人之大节。盖不廉则无所不取,不耻则无所不为。"④综上所述,廉义不仅关涉为政者个人官德,而且关乎国计民生,关乎国家政权兴废。各代都有不少清正廉洁的官吏,他们是国家的支柱、民族的脊梁,他们高尚的人格、廉洁的为官故事演绎了高尚的忠义情怀。

3.侠义:见义勇为,以利天下

义士情怀表现为主体在社会中"见义勇为,以利天下"的侠义理念和言行中。何谓"侠义"? 游离于国家政权之外,凭借非政府勇武力量和民间资源,匡扶正义,见义勇为,以抗强权暴力欺凌压迫的行为,此种非官方的言行价值取向,可谓"侠义"。相比较而言,孝义面向家,忠义面向国,侠义面向社会。孝义是站在家的角度争取家庭、家族的利益最大化,忠义是站在国家政权角度争取国的利益最大化,侠义则是站在天下的角度力求维护天下所有人正当利益最大化并且互不相害。"子贡全鲁"在鲁国的立场上看,子贡可称忠义之士,然而站在齐国和吴国的立场,子贡则是"民贼"和乱国罪人。与子贡心里只有自己国家不同,墨子心里装着天下。墨子认为:"任,为身之所恶,以成人之所急。"⑤所谓"任"也就是任侠之意,意为以侠义自任、以抑强扶弱为己任。这种侠义行为无关乎自己利益,甚至为了成就

---

① 《揭傒斯全集》。
② 《拒礼诗》。
③ 《入京》。
④ 《日知录·廉耻》。
⑤ 《墨子·经说上》。

别人的利益,甘愿冒损失自己利益的风险。"任,士损己而益所为也。"①"兼相爱,自苦以为义"以及"兴天下之利,除天下之害"是墨子侠义精神的核心。他们的行事标准是:"明是非,审治乱,明同异之处,察明实之理,处利害,决嫌疑。"②在实际行动上,墨子带领弟子们穿梭于各国之间,扶弱抗强,消除战祸,寻求和平,真正做到了"摩顶放踵利天下"和"赴火蹈刃,死不旋踵"③,展现了"见义勇为,以利天下"的侠义情怀。载入《史记》《后汉书》等史册的侠义之士有不少"游侠"和"刺客",游侠如:朱家、剧孟、郭解、萬章、楼护、陈遵、原涉等;刺客如:曹沫、专诸、豫让、荆轲等。司马迁赞曰:"游侠救人于厄,振人不赡,仁者有乎?不既信,不倍言,义者有取焉。"④又曰:"今游侠,其行虽不轨于正义,然其言必信,其行必果,已诺必诚,不爱其躯,赴士之厄困,既已存亡生死矣,而不矜其能,羞伐其德,盖亦有足多者焉。"⑤除了这些公然以己之力对抗朝廷昏君贪吏、专权之奸佞的侠士外,还有历代农民起义中的历史人物,如陈胜、吴广、洪秀全、王聪儿等也为推动社会发展、反抗阶级压迫作出了贡献,展现了大无畏的侠义精神。

(四)人民情怀

人民情怀是对中国传统社会帝王情怀、个人英雄主义情怀、义士情怀的超越,是人民群众执掌国家政权、建设家国社会所彰显的主人翁精神。

人民情怀是广大劳苦民众觉醒、推翻阶级压迫和民族压迫、推动历史发展的民众情怀。近代之后,突出和赞美英雄群体形象的历史事件逐渐多

---

① 《墨子·经上》。
② 《墨子·小取》。
③ 《淮南子·泰族训》。
④ 《史记·太史公自序》。
⑤ 《史记·游侠列传》。

了起来,如太平天国运动反映了农民阶级试图推翻清政权的尝试;洋务运动反映的是地主阶级自强改革;戊戌变法则是资产阶级改良派的制度改革探索;辛亥革命是资产阶级革命派的社会革命尝试;五四运动、新文化运动是工人阶级和知识分子们推进社会变革的实践;新民主主义革命通过工农武装割据夺取红色政权建立新中国。这些群体运动都带有推翻剥削阶级国家的性质,因而代表人民群众,反映了人民群众对民主权利的抗争和努力,展现了对未来理想自由民主国家的殷殷情怀。

人民情怀是人民建设自己的国家,帮助世界劳动人民获得解放和自由,共同建设人类命运共同体,奔向大同的共产主义社会过程中所展现出的团结斗争精神和人类情怀。新中国成立后,各行各业涌现出先进集体和展现出的时代精神与报国情怀层出不穷:大庆精神(铁人精神)、红旗渠精神、北大荒精神、"两弹一星"精神、载人航天精神、女排精神、抗洪精神、抗击"非典"精神、抗震救灾精神等。由此看出,随着时代的发展,广大人民群众成为国家的主人,在建设幸福生活的征程中更多地展现出各行各业的英雄群像和团队精神,这些精神融汇成新时代民族精神、时代精神和中国精神。

毛泽东的家国情怀表现在带领人民迎来"民族解放,站立起来"的人民情怀。早在青少年时代,毛泽东从韶山的生活经历中认识到中国农民的艰辛生活:"韶山冲来冲连冲,十户人家九户穷;有女莫嫁韶山冲,柴棍红薯度一生。"①走出韶山之后,他看到近代中国社会的苦难现状,更感民族苦难深重、阶级矛盾尖锐。面对积贫积弱的旧中国,学生时代的毛泽东喊出报国志向:"为有牺牲多壮志,敢教日月换新天。"在"改造中国与世界"的伟大实

---

① 陈东林:《国史专家解读毛泽东诗词背后的人生》,九州出版社,2010年,第1~2页。

践中,毛泽东的足迹遍布中国,他们的视野变得更加开阔,胸襟变得更加广博。"以毛泽东同志为主要代表的中国共产党人……领导全国各族人民……取得了新民主主义革命的胜利,建立了人民民主专政的中华人民共和国……确立了社会主义基本制度,发展了社会主义的经济、政治和文化"①,建立了独立自主的国民经济体系,突破了帝国主义包围封锁,恢复了在联合国的合法席位,拥有了与世界列强抗衡的军事力量,展现了毛泽东带领人民迎来"民族解放,站立起来"的人民情怀。

邓小平的家国情怀首先体现在"信仰坚定、人民至上"的人民情怀上。他早年曾在法国勤工俭学5年,后又在苏联莫斯科中山大学学习1年,求学期间就立志"更坚决地把我的身子交给我们的党,交给本阶级"②。他说:"对马克思主义的信仰,是中国革命胜利的一种精神动力。"③ 1992年,邓小平在南方谈话中指出:"我坚信,世界上赞成马克思主义的人会多起来的,因为马克思主义是科学。"④他心里装着人民,践行马克思主义人民观,这是他革命事业的力量源泉。邓小平曾深情地说:"我是中国人民的儿子,我深情地爱着我的祖国和人民。"⑤"我的生命是属于党、属于国家的。"⑥邓小平强调:"要把人民拥护不拥护、赞成不赞成、高兴不高兴、答应不答应作为我们党制定方针政策和作出决断的出发点和归宿。"⑦这些都展现了邓小平"信仰坚定、人民至上"的人民情怀。

习近平的人类情怀论述主要包括"人类命运共同体论"和"生态发展

① 《中国共产党章程》,人民出版社,2017年,第2~3页。
② 薛庆超:《邓小平与现代中国》(上卷),山东人民出版社,2017年,第21页。
③ 《邓小平文选》(第三卷),人民出版社,1993年,第63页。
④ 《邓小平文选》(第三卷),人民出版社,1993年,第382页。
⑤ 聂晓民编著:《邓小平的语言风格》,中央文献出版社,2008年,第262页。
⑥ 聂晓民编著:《邓小平的语言风格》,中央文献出版社,2008年,第262页。
⑦ 《邓小平文选》(第三卷),人民出版社,1993年,第261页。

论"两个方面。"人类情怀"表达了现代社会人人平等、人民主权、民主治理、维护正义与合法自由的理念。"安天下"是其关键词。"安天下"有两层含义，一是"安于天下"，二是"使天下安"。"人类命运共同体论"是"安于天下"的方略，"生态发展论"是"使天下安"的方略。

安于天下，就必须建立人类命运共同体。习近平指出："当今世界，人类生活在不同文化、种族、肤色、宗教和不同社会制度所组成的世界里，各国人民形成了你中有我、我中有你的命运共同体。"①这就需要拿出"天下一家"的精神，构建人类命运共同体，共同面对并合作解决这些问题。中华民族历来讲求"天下一家"，主张民胞物与、协和万邦、天下大同，憧憬"大道之行，天下为公"的美好世界。他从对内和对外两个角度思考如何使我国安于天下。

使天下安，就必须推行全球生态发展理念。习近平指出："国际社会应该携手同行，共谋全球生态文明建设之路，牢固树立尊重自然、顺应自然、保护自然的意识，坚持走绿色、低碳、循环、可持续发展之路。"②除了自然生态外，政治生态和人类社会生态也至关重要。对党忠诚，关键要有坚定的理想信念。党要赢得民心，党中央要有权威，必须廉洁。"要提高廉洁自律意识，在依法用权、正确用权、干净用权中保持廉洁，在守纪律、讲规矩、重名节中做到自律。"③这展现了共产党人豪迈的与世界人民共建共享人类命运共同体的文化自信和习近平"命运与共，志济天下"的人类情怀。

① 《习近平2014年3月27日在联合国教科文组织总部的演讲》，http://world.people.com.cn/n/2014/0328/c1002-24761811.html。

② 《习近平2015年9月28日在第七十届联合国大会一般性辩论时的讲话》，http://www.xinhuanet.com/world/2015-09/29/c_1116703645.htm。

③ 《习近平2016年12月26日—27日在主持中央政治局民主生活会时的讲话》，http://cpc.people.com.cn/n1/2016/1228/c64094-28981579.html。

（五）兴家情怀

毛泽东的家国情怀表现在对自己家乡韶山"建功立业、泽被故里"的壮志情怀。1906年，少年毛泽东就读于韶山井湾里私塾，面对闭塞的韶山和死记硬背式的诵经教育，即兴写了一首《井赞》："天井四四方，周围是高墙。清清见卵石，小鱼圈中央。只喝井里水，永远养不长。"①这首诗表达了少年毛泽东对旧式教育的不满，渴望走出闭塞的小山村，扩大视野、增长见识。1910年秋天，他前往湘乡县读小学。临行前，一首《七绝·呈父亲》表现了少年毛泽东追求人生梦想的壮志豪情："孩儿立志出乡关，学不成名誓不还。埋骨何须桑梓地，人生无处不青山"②。青年毛泽东在学生时期就曾立下拯救民族危亡的远大志向，在《沁园春·长沙》里，既有他"问苍茫大地，谁主沉浮"的仰天之问，也有"指点江山，激扬文字"的书生意气，还有不畏困难和挫折，"到中流击水，浪遏飞舟"的浩然壮气。他在读梁启超的《新民说》时，在书眉上写道："正式而成立者，立宪之国家，宪法为人民所制定，君主为人民所拥戴；不以正式而成立者，专制之国家，法令为君主所制定，君主非人民所心悦诚服者。前者，如现今之英、日诸国；后者，如中国数千年来盗窃得国之列朝也。"这些批注展现了青年毛泽东对专制制度的痛恨，对人类解放的追求。毛泽东投身中国革命之后，不管面对"雄关漫道真如铁"的冷酷前景，还是身处"倒海翻江卷巨澜"的革命险境，始终矢志不移、一往无前、奋勇前进。1925年，他返乡领导开展农民运动。1941年，毛氏族人在《韶山毛氏四修族谱》中赞毛泽东"闳中肆外，国尔忘家"。1959年，毛泽东重回故乡，写下了《七律·到韶山》："为有牺牲多壮志，敢叫日月换新

---

① 湘潭市党史办编：《毛泽东与湘潭》，中共党史出版社，1993年，第87页。
② 金冲及主编：《毛泽东传》，中央文献出版社1996年，第8页。

天。喜看稻菽千重浪,遍地英雄下夕烟。"①

邓小平的家国情怀还体现在"改革创新,富国安民"的韬光养晦情怀上。"韬晦情怀"意为"韬光养晦之情怀"。优先发展我国内陆经济势必在军事、海防、国际等方面的发展要有所忍耐,改革开放势必要求我们沉下身子虚心向世界先进国家学习,要充分利用好国际和平发展的大环境,不争强,不当头,抓紧发展自己。邓小平说:"我们再韬光养晦地干些年,才能真正形成一个较大的政治力量,中国在国际上发言的分量就会不同。"②他认为:"搞社会主义,一定要使生产力发达。"③为此,他一手抓大裁军,一手抓改革开放,以较快的速度将我国经济发展起来,实现了国富安民、总体小康的目标。在改革开放、发展经济时,他提出,要把"是否有利于发展社会主义社会的生产力、是否有利于增强社会主义国家的综合国力、是否有利于提高人民的生活水平"④作为判断一切工作是非得失的标准。在他的带领下,我们党果断结束了"两个凡是"的徘徊局面,开启了改革开放新的历史征程。"以邓小平同志为主要代表的中国共产党人……实现全党工作中心向经济建设的转移,实行改革开放,开辟了社会主义事业发展的新时期"⑤,中国特色社会主义使中国逐渐富起来,展现了邓小平带领人民"改革富国"的家国情怀。

习近平兴家情怀论述包括"家庭首责论""家教培德论""家风塑魂论"三个方面。"家庭首责论"言明了家庭在家教中担负着首要责任,居于基础

---

① 麓山子编著:《毛泽东诗词赏读》,陕西出版传媒集团、太白文艺出版社,2015年,第214页。

② 《邓小平年谱(1975—1997年)》(下),中央文献出版社,2004年,第1346页。

③ 《邓小平文选》(第三卷),人民出版社,1993年,第225页。

④ 《邓小平文选》(第三卷),人民出版社,1993年,第372页。

⑤ 《中国共产党章程》,人民出版社,2017年,第3页。

地位和作用，"家教培德论"指明了品德教育在家教中的核心地位，"家风塑魂论"指明了家风在塑造家庭成员人格、引领家庭价值观方面的重要作用。习近平以亲切的语言、通俗的故事、严谨的逻辑理论给新时代中国人织就了兴家强国的中国梦。家为国本，家兴则为国强提供了基础条件，家德家风成为家国情怀之源。"崇德向善"与"秉持做人气节"是兴家情怀的核心精神，兴家以家德为本。从兴家的要素关系看，家德乃家风之魂，是伦理、原则和导向；家教是载体、手段和践行；家风是家德与家教长期作用于家庭之结果，是表象、积累和传承。家风与家教相辅相成，风以教成，教随风化。

关于"家庭首责论"，习近平指出："家庭是人生的第一个课堂，父母是孩子的第一任老师。"①

关于"家教培德论"，习近平告诫父母："作为父母和家长，应该把美好的道德观念从小就传递给孩子，引导他们有做人的气节和骨气，帮助他们形成美好心灵，促使他们健康成长，长大后成为对国家和人民有用的人"②，要"重言传、重身教、教知识、育品德，身体力行、耳濡目染，帮助孩子扣好人生的第一粒扣子，迈好人生的第一个台阶"③。

关于"家风塑魂论"，习近平认为："尊老爱幼、妻贤夫安，母慈子孝、兄友弟恭，耕读传家、勤俭持家，知书达礼、遵纪守法，家和万事兴等中华民族传统家庭美德，铭记在中国人的心灵中，融入中国人的血脉中，是支撑中华

---

① 《习近平2016年12月12日在会见第一届全国文明家庭代表时的讲话》，http://www.xin-huanet.com/politics/2016-12/15/c_1120127183.htm。

② 《习近平2016年12月12日在会见第一届全国文明家庭代表时的讲话》，http://www.xin-huanet.com/politics/2016-12/15/c_1120127183.htm。

③ 《习近平2017年3月29日在参加首都义务植树活动时的讲话》，http://news.cctv.com/2017/03/29/ARTIUxiGufOcGJXByKpH6HHk170329.shtml。

民族生生不息、薪火相传的重要精神力量。"①他是这样说的,也是这样做的。在习近平的书架上,赫然摆着"陪父母散步""与妻相会""骑车带孩子玩"三张照片,展现了他繁忙工作之余,不忘陪伴家人的感人场景。2015年的春节团拜会上,习近平诵读《游子吟》,这首家喻户晓的诗歌,总书记诵读得情真意切,尽显赤子情怀。家庭不只是人们身体的住处,更是人们心灵的归宿。2017年1月26日的春节团拜会上,习近平真情流露,用三个"不要"提醒大家:"不要在遥远的距离中割断了真情,不要在日常的忙碌中遗忘了真情,不要在日夜的拼搏中忽略了真情。"一份"常回家看看"的叮嘱,牵动了亿万中国人最温馨的情愫。一段陪伴、一个电话、一顿饺子、一封家书、一首小诗、一份叮嘱串联出兴家情怀的具象表达,展现了中国共产党领导人对家庭建设的率先垂范、对兴家情怀的温馨演绎。习近平的家国情怀,不仅为广大家庭的家风家教建设提供了理论指导,而且为保家卫国、民族团结和治国理政提供了强大的精神动力,唤醒了新时代中国人强烈的家国情怀意识。

(六)生活情怀

邓小平的家国情怀还体现在"豁达乐观,质朴刚毅"的生活情怀上。1939年夏,邓小平遇到了年轻漂亮、性格活泼的卓琳,请人捎话想娶卓琳。此时的卓琳还不想结婚,也不想找老干部,曾两次拒绝了邓小平的求婚。邓小平并不灰心,亲自出面,坦率地说:"我有意要和你结婚。在前方战斗很辛苦。我年纪是大了,又不大会说话。年纪大,这是我的缺点,但我希望

---

① 《习近平2016年12月12日在会见第一届全国文明家庭代表时的讲话》,http://www.xin-huanet.com/politics/2016-12/15/c_1120127183.htm。

能从别的方面弥补。"①一席话,质朴而真诚,最终打动了卓琳。1945年,刘伯承、邓小平在太行山领导革命工作。工作之余,两家人谈起孩子取名问题。邓小平想给孩子取名"太行"(此前,刘伯承已给自己儿子取名"刘太行"),卓琳不依,对刘伯承说:"司令员,你的儿子占了我们的名字,你得给咱孩子取个名字!"刘伯承说:"这孩子生得朴实方正,叫个'朴方'好不好?"大家都很赞同。后来,次子出生后,取名"质方",隐喻孩子们承袭父亲"质朴"的作风。1983年,时任加拿大总理特鲁多曾问邓小平:"三落三起、终能重返政坛的秘诀是什么?"邓小平答道:"忍耐。"②邓小平的"落"并不是因为犯了错误,而是被人误解。在被误解和蒙冤受屈时,他从不怨天尤人,从不心灰意冷,总是不屈不挠、沉着坚韧、乐观面对,表现出对党和人民无限的忠诚,体现了"豁达乐观,质朴刚毅"的生活情怀。

(七)强国情怀

强国情怀主要包括"责任强国论""团结强国论""自信强国论""忠诚报国论"四个方面。"责任强国论"是强国之基,"团结强国论"是强国之要,"自信强国论"是强国之质,"忠诚报国论"是强国之法。强国情怀凝聚了新时代家国情怀忠诚报国的文化力量。

"责任强国论"强调,一个人要把报国的志向、爱国的热情化作强国的动力,担当起强国的责任,才能为强国做出贡献,因此,"责任强国论"是强国的基础。习近平强调:"要增强历史使命感和责任感,立足本职、胸怀全局,自觉把人生理想、家庭幸福融入国家富强、民族复兴的伟业之中,把个人梦与中国梦紧密联系在一起,把实现党和国家确立的发展目标变成自己

---

① 武市红:《邓小平的平常生活》,中国文史出版社,2011年,第13页。
② 聂小明:《邓小平的语言风格》,中央文献出版社,2008年,第10页。

的自觉行动。"①2015年，习近平在华盛顿发表演讲，谈到他青年时代在陕西省延安市梁家河村插队当知青的故事。乡亲们住土窑，睡土炕，生活苦，吃不上肉。后来，他带领乡亲们修淤坝、搞沼气池、建磨坊、开裁缝铺、成立铁业社，改善了大家生活。2015年春节，当他再次回到这个小村子时，看到村里通了柏油路，乡亲们住进了砖瓦房，用上了互联网，家家肉粮充足，村民医保、养老、教育有保障。这使他更加深刻地认识到："中国梦是人民的梦，必须同中国人民对美好生活的向往结合起来才能取得成功。"②

"团结强国论"强调，中国人民和中华民族要注意团结，团结才有力量，团结才能保持国家稳定发展和逐步强大，这是强国的必要条件，因此，"团结强国论"是强国之要。无论是1998年特大洪灾、2003年"非典"疫情暴发、2008年汶川地震，中国人向来是"一方有难，八方支援"，这都显现了中国人的团结精神。在民族团结方面，习近平指出："咱们新疆好地方，民族团结一家亲。……各族群众像石榴籽一样紧紧抱在一起，在党的领导下共同创造新疆更加美好的明天。"③

"自信强国论"强调，一个国家的强大，不仅在于军事力量、经济实力的强大，更在于文化软实力的强大，只有拥有了道路自信、理论自信、制度自信和文化自信，拥有了全民族的价值观自信，这才表明国家真正强大了，民族自信才是国家强大的实质，因此，"自信强国论"是强国之质。习近平指出："打铁还需自身硬，硬就硬在我们共产党人有着坚定的理想信念。全党同志要坚定理想信念，增强中国特色社会主义道路自信、理论自信、制度自

---

① 《习近平2015年4月28日在庆祝"五一"国际劳动节暨表彰全国劳动模范和先进工作者大会上的讲话》，http://military.people.com.cn/n/2015/0429/c172467-26920659.html。

② 人民日报评论部：《习近平讲故事》，人民出版社，2017年，第322页。

③ 《习近平2017年1月11日给库尔班大叔的后人的回信》，http://www.xinhuanet.com/politics/2017-01/13/c_1120307845.htm。

信,真正做到虔诚而执着、至信而深厚。"①习近平在党的十九大上进一步提出:"没有高度的文化自信,没有文化的繁荣兴盛,就没有中华民族伟大复兴。要坚持中国特色社会主义文化发展道路,激发全民族文化创新创造活力,建设社会主义文化强国。"②他在党的十九届四中全会上还提出:"我国国家制度和国家治理能力体系具有多方面显著优势……这些显著优势,是我们坚定中国特色社会主义道路自信、理论自信、制度自信、文化自信的基本依据。"③

"忠诚报国论"强调,每一个国民,上至国家主席,下至普通公民,都要热爱自己的祖国,热爱自己敬重的事业,为官清廉尽责,为民遵纪守法,忠于职守,报效祖国,和衷共济,国家就一定能够强大,这就是强国的方法。在习近平看来,爱国,是人世间最深层、最持久的情感,是一个人立德之源、立功之本。在为政清廉和反对特权方面,他指出:"中央政治局的同志都应该明史知理……清清白白做人、干干净净做事。要管好家属子女和身边工作人员,坚决反对特权现象,树立好的家风家规。"④综上所述,强国之论洋溢着浓浓的爱国情,凝聚了新时代中国人家国情怀忠诚报国的强大力量。

---

① 《习近平2015年11月20日在纪念胡耀邦同志诞辰100周年座谈会上的讲话》,http://www.xinhuanet.com/politics/2015-11/20/c_1117214229.htm。

② 本书编写组:《党的十九大报告学习辅导百问》,党建读物出版社、学习出版社,2017年,第32页。

③ 本书编写组:《〈中共中央关于坚持和完善中国特色社会主义制度、推进国家治理体系和治理能力现代化若干重大问题的决定〉辅导读本》,人民出版社,2019年,第3~5页。

④ 《习近平2017年12月25日至26日在中央政治局召开民主生活会时的讲话》,http://cpc.people.com.cn/n1/2017/1227/c64094-29730489.html。

第三章 家国情怀的理论体系

家国情怀不仅仅是一种情感体系,也有着深厚的理论根基。家国情怀的理论体系主要由元初理论、结构理论、传承理论构成。家国情怀的元初理论主要包括"情始五伦论""中和位育论""本固邦宁论";家国情怀的结构理论主要包括"家国价值组织共同体""家孝国忠伦理共同体""家兴国泰目标共同体";家国情怀的传承理论由"家规国制继承论""民俗国礼承递论""家风国魂弘扬论"组成。

一、家国情怀的元初理论

家国情怀何以产生?其产生的理论依据是什么?这是研究家国情怀首先要回答的问题。前面在家国情怀的概念分析中从社会环境的角度分析了主体的家国情怀是对环境变化的反映与映射。从社会制度文化角度看,主体的家国情怀萌生于社会道德伦理制度,是对社会伦理制度的认同或者期待,生发的核心机制在于"中和位育",生发的目标是巩固家庭和国家的稳定并从对家人的孝悌升华为对国家的忠诚,达到国泰民安、天下大同的境界。

(一)情始五伦论

所谓情始五伦,是指主体的家国情怀起始于家庭的五种基本伦理。家国情怀肇始于主体对家庭的五种基本伦理关系的初始体认与感怀。《说文解字》："伦，辈也。从人，仑声。一曰道也。"伦，是辈、同类中的不同等级，在指涉人类社会的时候，有伦常、纲纪等意思。与伦理有关的还有一个概念是道德。伦理与道德都是调节人与人之间关系的行为规范，但二者有细微的不同。伦理偏重法律制度和政治社会的外部行为规范，道德侧重于个体内心修养和内在行为自律。家国情怀从其性质来看，属于情，人伦道德的核心在于伦的制度规范。为何情始于伦？这与人类初始文明的原始禁忌与崇拜有关。

1.人伦起源和服从于习惯法

人类进入文明社会以前，由于无知，人们常常心怀恐惧心理和恐惧情绪。这种恐惧心理和恐惧情绪慢慢在长期趋利避害的自我行为的规范和约束中得以缓解，自我行为规范和约束逐渐演化为原始的习俗和禁忌。"原始的禁忌即所谓原始社会中人的'部落习惯法'，是人类在文明社会之前慢慢积累进化形成的原始思维。"[1]"禁忌体系尽管有其一切明显的缺点，但却是人类迄今发现的唯一的社会约束和义务体系。它是整个社会秩序的基石。"[2]中国古有"同姓不婚"的禁忌。"男女同姓，其生不蕃。"[3]"同姓不昏，恐不殖也。"[4]这一禁忌一方面是对种族繁衍和人口质量的考虑，一方面也是从家族政治伦理和制度文化角度做出的人伦制度选择和安排。因此，对氏族部落这个"家庭"繁荣兴旺之情源自对婚姻禁忌这一伦理制度的遵从。这是情始于伦的一方面原因。此外，还有对自然和祖先崇拜的原因。

---

① 吴龙灿：《天命、正义与伦理——董仲舒政治哲学研究》，人民出版社，2013年，第328~329页。

② ［德］卡西尔：《人论》，甘阳译，上海译文出版社，1995年，第138页。

③ 《左传·襄公二十三年》。

④ 《国语·晋语四》。

2.家国情始于对人伦的叹服和敬畏

首先,先民崇拜也是早期道德生活形式的萌芽。[①]人们通过占卜、祭祀等活动向崇拜对象显示自己的弱小无助,引起同情,祈求帮助。于是形成了封禅、祭祖的习俗。"封"就是在泰山进行祭天仪式,答谢天帝的受命之恩,报答天帝的功德与对浩荡天恩的感激,报告太平盛世和自己的功绩;"禅"就是祭地仪式,报答大地厚土的功绩,感谢大地对万物苍生的恩赐。《史记·封禅书》云:"昔无怀氏封泰山,禅云云;伏羲封泰山,禅云云;神农封泰山,禅云云;炎帝封泰山,禅云云;黄帝封泰山,禅亭亭。颛顼封泰山,禅云云;帝喾封泰山,禅云云;尧封泰山,禅云云;舜封泰山,禅云云;禹封泰山,禅会稽;汤封泰山,禅云云。"[②]功利性的自我规范被迫转化为对神灵的感恩之情,诚敬的质朴品格就此形成。氏族长通过对家庭物质资料的占有,对公共资源拥有的扩张和与其他氏族为争夺资源和人口的战争的方式建立了国家,奴隶制随之产生。随着父权制对血缘和继承的要求进一步发展,宗法制、分封制与嫡长继承制又被创设了出来。在这些制度世代传继下,祖宗崇拜观念日益深化,家祠、家庙得以出现。

其次,道德人伦生发于原始崇拜向制度理性的选择过程中。对天地、父祖的崇拜逐渐形成了对人类社会制度的理性选择,在日常生活中表现为对善恶的价值区分,以此为基础,"德"的观念在周初开始产生。与血缘关系结合的社会伦理道德体制就此形成。对帝神和祖先的"孝"观念由此产生。"友"的观念也伴随着宗族内部对兄弟关系的规范要求被提了出来。用于"事神致福"的礼,所规范的内容进一步扩大,延伸到社会各种关系的调节,于是孔子的智、仁、勇三达德说,孟子的仁、义、礼、智四德说,《管子》的

---

① 吴龙灿:《天命、正义与伦理——董仲舒政治哲学研究》,人民出版社,2013年,第329页。
② 《史记·封禅书》。

礼、义、廉、耻四维说开始在社会上流行。《礼记》提出了"七教"："父子、兄弟、夫妇、君臣、长幼、朋友、宾客。"[1]到了战国时代，强调"君臣、父子、夫妇"三纲重要性的观念已经出现。例如："内则父子，外则君臣，人之大伦也"[2]；"男女居室，人之大伦也"[3]；"臣事君，子事父，妻事夫，三者顺则天下治，三者逆则天下乱，此天下之常道也"[4]。

最后，家国情怀生于纲常礼教的人伦成熟。到了汉代，三纲六纪逐渐定型："三纲者何？谓君臣、父子、夫妇也。六纪者，谓诸父、兄弟、族人、诸舅、师长、朋友也。"[5]这些纲纪、伦常逐渐被社会认同，成为维系社会稳定的伦理制度，家庭和国家也在这些制度的护佑下稳定向前发展，由此衍发出人们对家庭、对国家的热爱和赞美之情。可以看出，无论是整个国家的封禅大典，还是各家各户的祭祖仪式，抑或对神灵的崇拜，都流露出中国传统社会人们对家国之情，而这些情都源自社会维系各种纲常礼教和人之大伦。因此，可以说家国情怀始于社会伦常，情始五伦论就此形成。

3.家国情怀起始于对五伦的认同与感念

五伦，指的是孟子所总结的人与人之间的五种基本道德关系，即君臣、父子、兄弟、夫妇、朋友。孟子认为，这五种人际关系应该做到"父子有亲，君臣有义，夫妇有别，长幼有序，朋友有信"[6]。这种人伦是对双方的规矩和要求：作为父亲要对孩子慈祥、关爱，作为孩子要对父母孝顺、尊敬，作为君王要以礼制给属下相应的待遇，作为臣子要对君主忠肝义胆；夫妻之间要

---

① 《礼记·王制》。
② 《孟子·公孙丑上》。
③ 《孟子·万章上》。
④ 《韩非子·忠孝》。
⑤ 《白虎通义·三纲纪》。
⑥ 《孟子·滕文公上》。

分工合作、相互忍让、共同守护忠贞的爱情；作为兄长要照顾好弟弟，作为弟弟则要尊重兄长；朋友之间要讲诚信。后来，汉代董仲舒按照"贵阳而贱阴"的阳尊阴卑理论，将孟子的五伦改造为"仁、义、礼、智、信"五种道德人伦要求，成为"五常"。《白虎通义》云："五性者何？谓仁义礼智信也。……故人生而应八卦之体，得五气以为常，仁义礼智信是也。"①"五常"贯穿于中华传统伦理的发展，成为中国传统价值体系中最核心的要素。家国情怀实际上是社会主体对五伦、五常制度体系的认同与感念，其生发机制在于阴阳平衡与"中和位育"。

（二）中和位育论

家国情怀生发的核心机理在于"中和位育"。所谓"中和位育"，就是保持中正平和，万事万物各安其位，事物依照其本源规律，自然化生。《周易·系辞下传》云："天地之大德曰生，圣人之大宝曰位。何以守位？曰仁。何以聚人？曰财。理财正辞、禁民为非曰义。"②《中庸》云："致中和，天地位焉，万物育焉。"③主体对自己家庭和国家的情感也是由主体在家庭和国家中的正当位置自然阐发的。

1.位定则物存，位明则物序

"位"决定事物的稳定存在与有序发展。"天尊地卑，乾坤定矣；卑高以陈，贵贱位矣。"④《吕氏春秋》云："凡为治必先定分：君臣、父子、夫妇六者当位，则下不逾节而上不苟为矣，少不悍辟而长不简慢矣。"⑤家国各安其位，

---

① 《白虎通义·性情》。
② 《周易·系辞下传》。
③ 《中庸》。
④ 《周易》。
⑤ 《吕氏春秋·处方》。

孝忠各守其责,则家兴国旺,和谐发展,家国情怀得以自然阐发与感念。

2.位序分则和,和生则物育

位序明分则和生,和生则万物化育。为什么有了"位",天下就"太平""万物育焉"了呢?《易传》云:"一阴一阳之谓道;继之者善也;成之者性也。……显诸仁,藏诸用……生生之谓易。"①一阴一阳对立转化,这是自然界的普遍规律。一阴一阳,继续不绝,这是本然的善。一阴一阳之道发育万物,可谓之"仁",阴阳互推,具有内在动力,可谓之"用"。所谓"显诸仁",指天地生育万物而言,"天地之大德曰生。"②家国伦理关系也是这样,君君臣臣、父父子子,夫妻和睦,兄友弟恭,三纲五常各据其位,各得其法,则家道兴旺,国家稳定,繁荣富强。

3.位由天道定,中和则合道

合理的"位"由天道来决定,天道的标准就是"中和"。"天之道,损有馀而补不足。人之道,则不然,损不足以奉有馀。孰能有馀以奉天下,唯有道者。"③只有遵从天道、道法自然,才能"致中和,天地位焉,万物育焉"④。综上所述,主体的家国情怀是对阴阳道生、和合生物、仁德守位、位当而义正的心理认同与情感膺服。

(三)本固邦宁论

所谓本固邦宁,从家国情怀的内生动力结构看,人民是国家政权的基础,是国家稳定和发展的基本依靠力量,是推动国家和社会进步的变革力量。因此,只有坚持以民为本,坚持人民主体地位,做到爱民、惠民、顺民,

---

① 《易传·系辞上传》。
② 《易传·系辞下传》。
③ 《道德经》。
④ 《中庸》。

国家政权稳固,国家才能繁荣富强,这展现了执政者天下为公、执政为民的情怀。是否实现了本固邦宁,要从爱民、惠民、顺民三个标尺去衡量。

1.本固邦宁之情源于爱民

本固邦宁这个成语源于《尚书·五子之歌》,它的全称是"民惟邦本,本固邦宁",常常简称为"民本"。夏朝时期,禹的孙子太康即位,他荒淫无度,长期在外田猎,招致百姓反感,被后羿侵占了国都。他的母亲和五个弟弟被赶到洛河边,追述大禹的告诫而作《五子之歌》:"皇祖有训,民可近,不可下。民惟邦本,本固邦宁"[①],表达"失国"怨恨与哀悔之情。意味着,民众是国家的根本、国家的基石,只有巩固国家的基石,国家才能安宁。爱民,首先要重视与肯定民众在社会生活和国家治理中的地位和作用。在古人心中,"邦本"除了"民"还有天、帝等因素。这些因素的权重随着历史发展有所变化。商朝更重"神",凡事以占卜为先;周反思商灭之教训,感叹"天命靡常",只有将天命与民意相结合、"敬天保民",才能保证国家安宁。春秋时期的管仲就告诫君王说:"夫霸王之所始也,以人为本。本理则国固,本乱则国危。"[②]孟子更提出"民贵君轻"之说。爱民,其次要与百姓均事业、同甘共苦、与民同乐。早在三皇五帝之时,爱民的传说故事就在历史上传扬:远古之时,钻木取火的燧人氏能让人民"饭熟食"、去腹疾、得温暖、退蛇虫,是对民本思想的践行;"构木为巢,以避群害"的有巢氏能让人民白天采摘橡栗、夜晚安居木巢,是对民本思想的探索;伏羲画卦、作瑟是对民本思想的表露;轩辕黄帝"修德振兵,治五气,蓺五种,抚万民,度四方"[③],为民操劳,得民心,顺民意;颛顼"养材以任地,载时以象天,依鬼神以制义,治气以

---

① 《尚书·五子之歌》。
② 《管子·霸言》。
③ 《史记·五帝本纪》。

教化"①；帝喾"顺天之意，知民之急"，"取地之材而节用之，抚教万民而利诲之"②；帝尧"九族既睦，便章百姓"，虞舜"举八恺，内平外成"；大禹治水"三过家门而不入"。《史记》中的这些记载，展现了三皇五帝亲民、爱民、惠民的民本情怀。管子爱民体现在"殖民、富民、教民、正民"等方面。在政治上，崇尚德礼，爱民敬民；在经济上，提倡节约，重农富民；在法律上，执法以安民。他认为"士农工商乃国之四民"，"放旧罪，修旧宗，立无后，则民殖矣。省刑罚，薄赋敛，则富民矣。乡建贤士，使教于国，则民有礼矣。出令不改，则民政矣。此爱民之道也"。③这告诉我们，爱民，就要增殖人口，要省刑薄敛，要教民知书达礼，要取信于民。君王懂得了爱民、亲民之理并努力践行，国家何愁不"本固邦宁"？

2.本固邦宁之质源于惠民

所谓惠民，就是让百姓实惠、享利益。君王不要与民争利，要维护百姓的根本利益。惠民之举首在利民。何以利民？《尚书》提出了"养民""康民""裕民"三策。养民，就要让民众得以生养。孟子主张"制民之产"，使百姓"乐岁终身饱，凶年免于死亡"。养民要解决百姓生活底线问题，就要落实"九惠之教"：一曰养老，二曰慈幼，三曰恤孤，四曰养疾，五曰合独，六曰问病，七曰通穷，八曰赈困，九曰接绝。康民，就是让百姓生活安康，衣食无忧，讲究"康功田功""怀保小民""惠康小民，物荒宁"。裕民，就是让百姓过上富足、快乐的日子。不仅满足百姓物质生活的要求，还要提高觉悟，实现精神和思想的更新。正所谓"仓廪实而知礼节，衣食足而知荣辱"。

---

① 《史记·五帝本纪》。
② 《史记·五帝本纪》。
③ 《管子》。

3.本固邦宁之怀源于顺民

所谓顺民,就是顺乎天意民心。武王伐纣说"民之所欲,天必从之"①,强调"天视自我民视,天听自我民听"②。这说明,顺从民众意愿就是顺天命。天命是变动不居、喜乐无常的吗？顺天命、遵民意的标准是什么呢?《诗经·大雅·文王》曰:"商之子孙,其丽不亿。上帝既命,侯于周服。侯服于周,天命靡常。殷士肤敏,祼将于京。"③从殷转移到周,天命不是永恒不变的,说明天命把天下归予有德者。《左传》引《周书》云:"皇天无亲,惟德是辅。"④天命不会徇私,也不是喜怒无常,其以德行为标准予夺天命和奖善惩恶。如何顺天命、遵民意?孟子将天命观具体化,指出君王不可妄自决断,一定要倾听群众意见,"左右皆曰贤,未可也;诸大夫皆曰贤,未可也;国人皆曰贤,然后察之,见贤焉,然后用之"⑤。由此可见,要使本固邦宁,就必须顺乎天意民心,遵从百姓的意见,顺应历史发展规律,推动历史向前发展。

综上所述,"本固邦宁论"的核心要义就在于爱民、惠民、顺民,顺应历史发展规律,做历史发展的推动者。

二、家国情怀的结构理论

从文化心理角度看,家国情怀具有恋家情怀、爱国情怀和家国情怀三层文化结构以及知、情、理、践四维心理结构。这种结构分析更多地侧重于家国情怀的产生、构成结构方面,本节在此基础上进一步探讨其价值功能

---

① 《左传·襄公三十一年》。

② 《孟子·万章上》。

③ 《诗经·大雅·文王》。

④ 《左传·僖公五年》。

⑤ 《孟子·梁惠王下》。

结构。从家国情怀的价值心理结构看,"家国一体同构"是指主体在家国价值观念、价值选择伦理、价值追求方法、价值实现路径、价值目标达成等方面,按照家国一体的价值结构去考虑问题,是一种共同体意识的价值心理结构表现。家国一体的价值结构主要表现为价值组织共同体、价值伦理共同体和价值目标共同体三位一体。

(一)家国价值的组织共同体

中国传统社会强调家庭与国家的利益根本一致,不可分割。孟子所强调的"天下之本在国,国之本在家,家之本在身"①,即家庭、国家、天下一体化价值组织共同体的明确表达。这也是儒家经典的传统共同体组织架构模型。这一架构有三层组织体系,基层为家庭组织,处于经济基础地位;中间层为国家组织,统合各家的经济利益,负责组织全国家庭进行生产;顶层为天下,是一个由国家向周边拓展的文化结构,没有边界,尚未形成明确的民族和人民,有待文明的传播。传统共同体出现的标志是"大一统"力量的形成。它扩大了共同体的空间跨度,减少了共同体内部的战争,促进了共同体内部生产生活资料和精神文化的交流。从历史的实践来看,中国是世界上传统共同体取得成就最大的国家。作为传统文明古国,文明传承几千年未曾中断过,而且对世界文明作出了巨大贡献,受到广泛认同。中国传统共同体的大一统,先是西周分封的大一统,继之是秦朝郡县制的大一统。"大一统"的政治体作为综合统一体,从组织结构上与家庭统合在一起,形成了共同的政治体、经济体、军事体和文化体。这种家国一体的组织便于汲取劳动剩余,应用于兴建水利、交通、军事防御工事等公共设施,形成了

---

① 《孟子·离娄上》。

马克思所说的"亚细亚的共同体"。①儒家的理想就是天下为公的共同体。其基本构想就是将家庭伦理关系外推,组织结构类比,形成一个人人相亲、不独亲其亲、不独子其子、天下为公、家国同构而又家国一体的共同体。这种思想源自周代宗法制和分封制。在周朝,家庭与国家首先在经济上组成了共同体组织。在土地制度上实行王权所有制和使用耕作上的"井田制"。全国土地都收归王权,所谓"普天之下,莫非王土"②。土地王有,王既是一国之君,也是周家族的家长。周王可以把土地分封给诸侯,诸侯可以转封给大夫,所谓"授土授民"③,在土地授受过程中,收取赋税,但土地王有的性质并未改变。土地耕种以"井田"为单位,中央为"公田",集体耕种,收获物作为"税"交给村社所有者,"私田"一家一户耕作,收获物归己。在耕作过程中,"同养公田,公事毕,然后敢治私事"④。这种分配方式将家庭与国家统合成一个经济共同体,家成为国家的经济基础。同时,家庭人口、人力按照一定方式和比例充实到国家军队和国防设施、水利设施、公共道路交通设施、国民教育体系建设之中。可以说,家庭与国家又形成了一个共同的政治体、军事体、文化教育体。

因此,可以说,两周时期,家便是国,国便是家,家与国构成了一个价值组织共同体。国与家相互依赖,相互影响,一损俱损,一荣俱荣。但这种古典共同体往往受制于封建君王的个人品性和能力,遇到明君,是人民的福气;遇到昏庸、残暴、贪婪的君王,也只能受其欺压和剥削。秦以后,家与国组织开始分开,其后各朝各代均承秦制,家国再也没有合一,于是家与国之

---

① 《马克思恩格斯文集》(第八卷),人民出版社,2009年,第123~126页。

② 《诗经·小雅·北山》。

③ 《左传·定公四年》。

④ 《孟子·滕文公上》。

间的利益矛盾就更加突显了。在调动和激发每一家每一户"私"利建设的积极性的同时,国家从中抽取更大的利益,国家与家庭的利益开始对立,历朝历代统治者都想办法来缓解这个利益矛盾,但是只要有这种利益的对立、阶级对立的存在,这种矛盾就无法根除。儒家所设想的共同体组织,具有内在的不平等性。儒家的五伦是差序等级制,强调尊卑有序,区别亲疏,而且还存在性别歧视。儒家以伦理为本位,缺乏实际的政治结构和经济组织的依托,"天下为公"只不过是一种美好的愿景和空中楼阁。相比于儒家传统共同体组织,资本主义社会建立了基于民族国家的共同体组织。这种共同体组织是基于利益交换的协调逻辑,按照市场平等交换的规则来运行。表面上打着"平等"的旗号,其实规则的制定权牢牢控制在资本主义统治者手中,资本的目的就是要剥削,要产生"剩余价值"。因此,资本主义共同体不过是"虚假的共同体"。由此看来,先秦古典共同体、儒家传统共同体、资本主义共同体由于其内在的不平衡性,不过是"冒充的共同体"或者"虚假的共同体",它"对于被统治阶级来说,它不仅是完全虚幻的共同体,而且是新的桎梏"。[1]真正实现这种家国利益一致的,也只有在建立新中国、实现公有制之后才得以实现。人民成为国家的主人,这就从制度上消灭了阶级之间的对立和剥削根源。社会治理共同体实现了人们的梦想:家庭与国家组成真正的价值组织共同体,它具有共生经济、共有财产、共享分配、共同富裕、共同治理的价值特征,是真正的价值组织共同体、文化共同体和命运共同体。

---

[1]　《马克思恩格斯选集》(第一卷),人民出版社,2012年,第199页。

（二）家孝国忠伦理共同体

在中国古代历史上，"孝"与"忠"并不是天然地、直接地关联为一体的，而是经历了"寓忠于孝"向"移孝为忠"的伦理转变，最终实现了"忠孝一体"，形成了家孝与国忠的价值伦理共同体。在国家出现之前，家庭已经出现，对父母的孝作为一种天然的情感流露逐渐成为社会普遍的伦理风尚。后来，在家的基础上出现了国，但国一开始的出现是与家"一体同构"的。这一时期，家长也是国君，两种伦理关系只对不同的人际关系而言产生了区别，在家内为"家长"，对外则称"国君"。于是，比之于对家"孝"的伦理要求，对国"忠"的伦理要求就产生了。一个人的成长过程必须经历从自然人向社会人的转变，于是"夫孝始于事亲，中于事君，终于立身"[①]的伦理要求就提了出来。在这种社会中，行孝与尽忠在伦理价值要求上具有同一性，两者都是指行为主体"尽心尽力"地做事敬人。尽心尽力地善待双亲就是孝，而尽己利人的行为就是忠，两者伦理要求和伦理价值体现的是一样的。正如《礼记》所云："忠臣以事其君，孝子以事其亲，其本一也。"[②] 这种推己及人的孝，推及到社会就会变成忠。而在国家、社会治理中，对人臣的要求就是要"忠君"，如何评价一个人能否"忠君"呢？主要是看这个人是否"孝"。《吕氏春秋》有云："人臣孝，则事君忠"，所以，在选拔官吏的时候，人们往往"求忠臣于孝子之门"。倘若出现了不忠的现象，究其根源，必为不孝之徒，所以《礼记·祭义》有云："事君不忠，非孝也。"[③]于是，"寓忠于孝"的伦理要求就此提出。这里，对"孝"的伦理价值要求是优先于"忠"的。荀子

---

① 《孝经·开宗明义章》。
② 《论语·为政》。
③ 《礼记·祭义》。

曾经把孝按其社会伦理价值效用功能境界分为三个层次：小行、中行和大行："入孝出弟，人之小行也；上顺下笃，人之中行也；从道不从君，从义不从父，人之大行也。"①这样的行孝才是符合社会伦理德性，才是一种"大孝"和"义忠"。也就是说，孝、忠社会伦理和义，才是真正的孝、具有忠德的孝。在现实社会中，孝与忠的伦理价值要求的统一是要顺应"家国一体"伦理组织结构的。在家国一体、家国同构的周代，孝与"忠"伦理要求本是统一的，也是符合时代要求和家国一体伦理要求的。但毕竟，孝和忠是处理两种不同伦理关系的价值要求，统治者为了进一步统一忠与孝这两种伦理关系要求，构建出"天道"的伦理概念。天是一切的本源，人和万物都是天地阴阳化生的产物，道德与人伦也是天所赋予的，天道与人道具有统一性。孝与忠被置于天人合一的伦理体系之中，构建了它们内在统一的关联。"夫孝，天之经也，地之义也，民之行也"②；"天之所覆，地之所载，人之所履，莫大乎忠"③。孝与忠均本自天道，同出一源。由此可见，中国传统思想家特别是儒家学者，都不遗余力地将孝与忠置于天道的统摄之下，为"忠孝一体"作出了理论解释与证明。在实践层面上，西周封建宗法制度将政治与伦理、血统与道统紧密结合，天子集神权、族权、政权于一身，兼具天子、宗子、孝子三重身份，实现了忠孝合一。这样，无论是在理论层面，还是在实践层面，孝与忠都实现了"忠孝一体"。

春秋以后，秦、晋、楚等诸侯国相继以郡县制取代分封采邑的世卿世禄制，政治控制手段已不仅仅局限于血缘关系。天子的政治共主地位已名存实亡，诸侯逐鹿，五霸迭起，王纲解纽，人心紊乱。各国霸主均以共主自称，

---

① 《荀子·子道》。
② 《孝经·三才章》。
③ 《忠经·天地神明章》。

挟天子以令诸侯,礼崩乐坏,"臣弑其君,子弑其父,孽杀其宗,不能统理"①。于是,忠孝分离,矛盾渐起。随着孝这一宗法政治伦理基础的摧毁,忠的伦理支柱被拆除,社会道德伦理也陷入混乱,道德重建和伦理秩序重构成为社会的当务之急。忠君利人的忠德呼之欲出,于是,忠德从孝德中剥离出来,孝与忠的矛盾对立和不得不采取"移孝为忠"来化解两者之间的伦理矛盾成为历史必然。移孝为忠的基本精神就是要人们把家庭伦理要求推广到君臣伦理上。这种伦理推广何以可能?"君子之事亲孝,故忠可移于君;事兄悌,故顺可移于长;居家理,故治可移于官。"②孝可移而为忠,不仅因为家与国有共同的利益基础,更重要的是,两者的伦理价值要求是一致的,都要求下者对上者的敬和顺,上者对下者的爱和仁。正如《孝经》所言:"资于事父以事君者而敬同……故以孝事君则忠,以敬事长则顺。"③由此可见,将家孝的伦理关系可以推演到国忠的伦理关系,亲子对待亲长的尊敬、孝顺可以转化为臣子对待君王的恭顺、忠诚,此所谓"移孝为忠"。这种伦理价值的转换就实现了新体制下的"忠孝一体",家孝与国忠的价值伦理共同体也再次形成。这样,家孝与国忠的价值伦理共同体所倡导的"忠孝一体"伦理观念再次被得到强化。

(三)家兴国泰目标共同体

家与国有着怎样的价值发展目标? 张载在《西铭》中描述了家兴与国泰组成"天下一体"的伦理价值目标:"乾称父,坤称母;予兹藐焉,乃混然中处。故天地之塞,吾其体;天地之帅,吾其性。民吾同胞也,物吾与也。"④在

---

① 《春秋繁露·王道》。
② 《孝经·广扬名章》。
③ 《孝经·士章》。
④ 《正蒙·乾称》。

这种伦理价值目标下,天与人以德互联,人们以礼节制自己的行为,人与天以礼乐相交通,俨然一幅天人价值合一的目标共同体图景。《易·家人·象传》用男女各正其位、家庭成员各安其分、家庭伦理各行其轨式的天人合一,把家与天下价值目标完全统合起来:"家人,女正位乎内,男正位乎外。男女正,天地之大义也。家人有严君焉,父母之谓也。父父、子子、兄兄、弟弟、夫夫、妇妇,而家道正。正家,而天下定矣。"①家道之兴,本于"家齐国治"。家与国处在天人合一的大系统之中,家兴与国泰既有着经验认知的同一性、序列性与规律性,又有着发展演进的互存性、共振性与差异性。一方面,国由家组成,国与家有着类似的结构,齐家之道与治国之道具有同一性和序列性,因此,道可兴家必能治国。《家人卦·象》曰:"正家而天下定矣。"②《周易集解》引陆绩曰:"圣人教先从家始,家正而天下化之,修己以安百姓者也。"③另一方面,国家的发展也给家庭的安定和兴旺提供了条件和机遇,治国之道与齐家之道互激共存。南宋的陈淳认为,《大学》所强调的是书中提示的从修身、齐家进而为国的这一系列整体性要求。从国家角度说,为人君要仁,为人臣要敬;从家庭角度说,为人子要孝,为人父要慈——两者并非此消彼长,而是同生共进。④在现实过程中,乡治成为从齐家到治国的重要步骤。由此可见,国治之盛与家道之兴紧密相连,家兴与国泰组成了荣辱与共的价值目标共同体。

综上所述,家庭与国家组成价值组织共同体,家孝与国忠组成价值伦理共同体,家兴与国泰组成价值目标共同体,它们共同构筑了家国一体价

---

① 《易·家人·象传》。
② 《周易·彖传》。
③ 《周易集解》。
④ 《北溪字义》。

值结构,成就了家国一体情怀。

三、家国情怀的传承理论

历朝历代人们的家国情怀伴随着人类社会历史的发展而不断传承和发展,其传承的方式从传承平台和途径来分主要有三种:一是家庭传承方式,二是国家传承方式,三是社会传承方式。家国情怀所要传承的核心内容就是价值观,一种对家、对国的理想价值的认同、崇奉与追求。在漫长的历史实践中,家国情怀所追求的价值理想、价值观念深深融于制度文化、民俗实践活动文化和精神文化之中,因此,可以从这三大文化领域去追寻家国情怀传承的踪迹。

(一)家规国制继承论

家规国制继承论,是从制度文化角度来说明家国情怀的价值传承。此论认为,家庭规训和国家制度是家国情怀传承的主要载体,也是家国情怀价值传承的主要途径,通过系统分析和深入探析家国规制与家国情怀传承之间的作用关系,就能厘清家国情怀的价值观念在家规国制中传承的内容、脉络和轨迹。由于任何时代的家规国制中都蕴含着对人们所处时代价值观的表达和传递,当家规国制中所传达的价值观与家国情怀所要追求的价值观一致时,就会获得主体的认同与赞美,表现出溢美性的家国情怀;反之,当两者价值观不一致,或者完全相反时,则会使得主体惆怅幽怨、扼腕叹息,表现出感伤的家国情怀。这两种不同的情感反映会传递到家人和身边的人身上,或弟妹亲子,或弟子学生,或臣属同僚,或晚辈友人。于是,这种对规制所产生的不同情感会在具有相同价值观与价值理想的人群中传达、继承。一般,在平世和盛世的家国社会,往往传承的是对制度溢美性的家国情怀;在危世、乱世的家国社会,往往传承的是对制度感伤性的家国情怀。溢美性家国情怀往往激发人们褒扬赞美之情,催人昂扬奋进,增强了世人对规制的认同和维护;感伤性的家国情怀则引起人们对家国颓势的反思之情,催人临危思变、革故鼎新、发奋图强,增强了世人对现有规制的改革和图新。

1.家规承基:家规家训对家国情怀的传承具有基础作用

家规家训不仅是家庭成员启蒙开慧、道德认知、价值塑造、行为规范、习惯养成的重要载体,是家庭教育的重要形式,同时也是家庭、家族管理的制度和依据。家规家训培养了人们基本的道德素养、基本的价值观念、基本的行为习惯和思维习惯。在家规家训的制度执行中,家庭成员养成了与这个规制相符合的行为习惯、思维习惯、道德习惯和价值选择习惯,从而在社会交往中展现出具有一定特征的行为方式与行为习惯,显示出一定的家庭精神风貌,这就是人们常说的家风或者门风。经过几千年的积淀发展,形成了各具特色的家道、族规、家风、家法、家训、家约、家范、家规、家诫、家劝、族谕、户规、宗约、庄规、宗式、公约、祠规、祠约等家庭制度表现形式。

家规的基本内容可以概括为三大方面:一是道德言行规范,二是关系处理法则,三是性情引导与价值塑造。在道德言行规范方面,包括"孝亲敬长,睦亲齐家""治家谨严,勤劳节俭""糟糠不弃,夫妻忠贞""立志清远,励志勉学""审择交友,近善远佞"等,在关系处理法则方面,包括"和善乡邻,善视仆隶""抵御外侮,维护统一"等;在性情引导与价值塑造方面,包括"洁身自好,力戒恶习""救难济困,助人为乐""宽厚谦恭,谨言慎行""依法完粮纳税,严禁乱砍林木""习业农商,治生自立""崇尚科技,贬斥迷信""贵名声,重家声"等。这些家规家训的内容对于家庭成员家国情怀的培养与传承作用巨大,它不仅传播了以儒学为核心的中国传统文化,推动了科学与教育的发展,将儒家伦理贯彻到一般家庭,改善了社会习俗与道德风尚,而且更重要的是在历史上接续培养了大量忠君爱国、清正廉洁、秉公执法的治国人才,维护了封建统治秩序,传承和践行了古人家国情怀的价值理想和高尚追求。

2.国制定承:国家制度对家国情怀的传承具有决定性作用

国家制度有许多内容,有经济方面的制度,有政治方面的制度,有文化教育方面的制度,这些制度不仅对家庭和社会制度风化起到引领示范的作用,而且对于道德人伦、行为规范底线作出了明确标识,并用国家强制力确保社会成员遵从执行。由此可见,国家制度在整个社会规制中具有强制决定的传承作用。这里我们以帝师制度为例分析国家制度对于家国情怀的影响。从家风、家教角度看,对太子的家庭教育至为重要,可以说太子的"家教关乎国祚长短"。它作为一项国家制度固定下来,就是帝师制度。从《大戴礼记》中可以认识到,国家制度对人的影响何其大,它关系到国运是否昌盛。在此过程中,也激起了多少仁人志士的家国情怀!相比于家规对人的影响,国家制度对人的影响更加直接和深远。家规虽然能养成一个人的道德行为习惯和价值选择,但在强力的国家制度面前,这种基础性德性能否坚守和固化还要看家国两者的价值方向是否一致:当家国价值观一致时,良好的家教德性得以固化、激励和进一步发展;当两者方向相反,或者不太一致时,个体的行为往往会屈从于国家强制力,向着国家制度要求的方向转变,此所谓"国制定承"。因此,一项好的国家制度,能够使国运几百年不衰竭,使一个文明千年传承;而一项糟糕的国家制度、违逆民意的国家制度,在起初会强力施行一段时间,但随着时间的推移,社会矛盾的蓄积则可能激起民变,导致民心的向背、政权的丢失。这里面起核心作用的就是国家制度的价值导向。倘若国家制度的价值导向与人民主体价值意愿相背离,则政息国亡;倘若国家制度的价值导向与人民主体价值意愿相一致,则长盛不衰,传承致远。正义者的家国情怀往往顺应民意,当家国情怀与国家制度所追求的价值观相一致时,家国情怀得以激励和传承;当两者价值观不一致甚至相反时,家国情怀则会受到感伤和压抑。由此看来,国家制度对家国情怀的传承具有决定性作用。

3.风俗导化:社会风俗习惯潜隐化导了家国情怀的传承

社会风俗习惯为家国情怀的传承构建了社会情境,在潜移默化中,潜隐地影响着价值观的走向。社会风俗有一种自觉意识,它默默地传递着人们向往的价值追求,它是一种生存方式,也是一种文化模式,是"群体内模式化的生活文化"①。例如,在农业生产中有"祈年备耕民俗",康熙《济南府志·岁时》中记载,"立春前一日,官府率士民,具春牛芒神,迎春于东郊……立春日,官吏各具彩杖,击土牛者三,谓之鞭春"。"鞭春"的民俗展现的是官民对农业丰收的喜悦前景的希望,呈现出对未来幸福前景、国泰民安的祈福纳祥的家国情怀。除了"鞭春"之外,还有"送春、抢春、尝春、贴宜春帖"等民俗活动。唐孙思邈的《千金月令》载:"立春赐三宫彩胜,各有差";辛弃疾《汉宫春·立春日》词云:"春已归来,看美人头上,袅袅春幡。"再如,农业占卜习俗。自古以来,农耕仪礼源自农业祭祀,农业占卜在农业生产习俗中占有重要地位。中国古代的农事活动总是和节令习俗联系在一起。人们根据节令、气候的变化安排农事活动。为了期盼一年的丰收,人们必须通过占卜来进行预测,以求心理上的满足。隋唐时期人们认为春天是一年中最重要的季节,为了配合农事活动有许多占卜活动。隋唐时期历时近三

---

① 高丙中:《中国民俗概论》,北京大学出版社,2009年,第7页。

百年,社会的安定使农业生产习俗的发展演变有了充裕的时间和良好的环境,也使岁时节令与农耕习俗达到很好的结合。五代韩鄂的《四时纂要》"立春杂占"记载:"常以入节日日中时立一丈表竿度影,得一尺,大疫、大旱、大暑、大饥;二尺,赤地千里;三尺,大旱;四尺,小旱;五尺,下田熟;六尺,高下熟;七尺,善;八尺,涝;九尺及一丈,大水。"①除占日影外,还占月影、占雷、占雨。不仅正月占卜,而且一年中的每个月都要占卜,通过占卜预测一年作物的丰歉。影响农业的自然灾害主要是虫害、鼠害、旱灾和涝灾。《诗经·小雅·大田》中有"去其螟螣,及其蟊贼,无害我田稚。田祖有神,秉畀炎火。有渰萋萋,兴雨祈祈。雨我公田,遂及我私。……曾孙来止,以其妇子。馌彼南亩,田畯至喜。来方禋祀,以其骍黑,与其黍稷。以享以祀,以介景福"。这首诗描述的是周王于丰收后祭祀田祖(神农)的诗歌。此诗是《小雅·甫田》的姊妹篇,两诗同是周王祭祀田祖等神祇的祈年诗。《小雅·甫田》写周王巡视春耕生产,因"省耕"而祈求粮食生产有"千斯仓""万斯箱"的丰收;《小雅·大田》写周王督察秋季收获,因"省敛"而祈求今后更大的福祉。在诗歌里歌颂周王关心民间疾苦,给人们描绘了周王深入田间地头举行祭祀的民俗场景,展现了统治者与民同乐、与民共疾苦、祈求上天降福百姓、保佑社稷国家国泰民安的家国情怀。从这些民俗中我们不难看出,民俗里隐藏着群体对幸福、吉祥的价值愿望,实际上传承着千百年来祖先对后人的幸福企盼。所以说,社会风俗习惯影响了家国情怀的传承。

(二)民俗国礼承递论

民俗国礼承递论,意在说明民俗国礼与家国情怀传承的联系,此论认

---

① 《四时纂要》卷一,《立春杂占》。

为流行于民间的民俗和国家典礼等实践活动也具有对家国情怀的传承作用。这些礼俗实践活动寄托着人们对未来幸福生活的期盼,展现出人们对未来的积极乐观、无畏进取的家国情怀。礼俗实践活动十分丰富,我们从人生礼仪实践、国家典礼实践和民俗活动实践三个角度来呈现礼俗实践活动中家国情怀的传承。

1.人生礼仪:个体生命具象化传承

人生礼仪实践活动是对生命阶段发展的礼赞,也展现了个体生命对家国的感恩之情,是家国情怀在个体生命中的具象化传承。中国文化十分重视诞生、成年、结婚、死亡这四个环节,汉族主要有诞生礼俗、成年礼俗、婚姻礼俗、丧葬礼俗。在生命出生之前,首先有一个礼俗,称为祈愿孕育礼俗。《礼记·月令》中记载有君王率领后妃挂上弓矢以求子的礼仪:"仲春之月……玄鸟至……天子亲往……授以弓矢,带以弓韣于高禖之前。"[1]从汉代开始,婚礼上就流行撒谷豆和果子的仪式。诞生养育期的礼仪就更复杂了,通常由产儿报喜、三朝洗儿、满月礼、百日礼、抓周礼等习俗组成。抓周,是小孩周岁时举行的卜测前途的仪式,具有人情味和家庭游戏性质。其核心是对生命延续的美好祝愿,这反映了父母的舐犊深情。成年礼,是为界定青年是否具备独立入世资质而举行的仪式。《淮南子·齐俗训》说:"中国冠笄,越人劗发。"[2]汉族男子20岁行冠礼,女子许嫁则15岁行笄礼。《管子》记载,越国青年入伍征战前,凿齿以示成人。由此看出,成年礼洋溢着离开家庭、报效祖国的家国情怀。婚礼古今中外都被视为人生仪礼中的大礼。"昏礼有六,五礼用雁,纳采、问名、纳吉、纳征、请期、亲迎是也"[3],俗

---

① 《礼记·月令》。
② 《淮南子·齐俗训》。
③ 《仪礼·士昏礼》。

称"六礼"。婚礼过程中,"三书"指聘书、礼书和迎亲书。聘书,就是定亲之书,男女双方正式缔结婚约。纳吉(过文定)时用。礼书,为过礼之书,即礼物清单,详尽列明礼物种类及数量。纳征(过大礼)时用。迎亲书,即迎娶新娘之书。结婚当日(亲迎)接新娘过门时用。此所谓"三书六礼"。纳采用"雁"礼。"用雁者,取其随时南北,不失其节,明不夺女子之时也。又取飞成行止成列也。明嫁娶之礼,长幼有序,不逾越也。又婚礼贽不用死雉,故用雁也。"①死亡,是人生不可抗拒的否定,是最沉重的悲苦意识,打破了当前的社会组织关系,推动一系列社会角色和地位的重组,表现出某种社会危机。汉人葬礼习俗以"隆丧厚葬,香火永继"为主流。中国之大,各地丧葬礼俗各不相同。

2.国家典礼:民族整体意向化表达

国家典礼实践活动是国家民族层面对家国情怀的整体传承的意向化表达。国家典礼实践活动主要表现在封禅、国祭、军礼、宾礼等礼俗活动。汉族传统民俗文化"五礼",包括吉礼、凶礼、宾礼、军礼、嘉礼,前面四礼都与国家礼制相关,嘉礼具有更多民俗礼仪的意味。

吉礼,位居五礼之冠,是对天神、地祇、人鬼的祭祀典礼。在古代,由于人对自然的认识能力和改造能力有限,所以不得不求助于鬼神,心怀敬畏。为了保佑国家繁荣昌盛、执政地位不丢失、垄断家族子孙的皇权继承,历代皇帝都敬事鬼神,因此祭祀成为与军事同等重要的大事,即所谓"国之大事,在祀与戎"②民间百姓为了平平安安生活一辈子,子孙富贵吉祥,也对鬼神虔敬有加。封禅,是中国古代帝王祭祀天地的大型典礼。封为"祭天",禅为"祭地",有"承天道,治天下"之意。自秦始皇起,封禅活动成为君

---

① 《白虎通·嫁娶篇》。
② 《左传·成公十三年》。

权神授的重要手段,其实质则为巩固皇权,粉饰太平,带有一种君权神授的意味。

凶礼,是应对不祥,表示哀悼、抚恤、慰问的礼仪,包括丧礼、荒礼、吊礼、襘礼、恤礼。"以凶礼哀邦国之忧,以丧礼哀死亡,以荒礼哀凶札,以吊礼哀祸灾,以襘礼哀围败,以恤礼哀寇乱。"①《礼记·曲礼下》记载:"居丧未葬,读丧礼。既葬,读祭礼。"②丧礼是对一个人生前的德行进行追忆和总结,表达亲人或幕僚、臣属对死者生前为家庭、为国家所作贡献的敬意,同时教育生者继承死者遗愿继续奋勇前行,为幸福的家庭生活和美好的国家未来继续奋斗。因此,丧礼传达的就是为理想而接续奋斗的价值观,展现了家国情怀所蕴含的价值理想在代际之间的传承。吊礼是对丧的凭吊或者对灾害的慰问。在古时,如果一国重要人物去世,邻国都要来吊唁。如果发生灾异,国君派人去慰问,包括邻国之间的互相慰问、家庭之间的互相体恤,都属吊礼。荒礼是年岁收成不好或者瘟疫流行时举行的礼仪;襘礼是为了消灾除病,汇集物资以救灾的礼仪;恤礼是国内外发生战乱时举行的救助、慰问、存恤之类的典礼。俗语云:"天有不测风云,人有旦夕祸福。"人皆乐生恶死,好治厌乱。洪荒之世,人类与自然相需而存,敬天法地而礼生,文明得以进化。于今亦然,困顿危难之时,社会各阶层从上至下都能伸出关爱的手,依靠爱心和团结的力量,有助于尽快恢复信心,渡过难关。此敬天法地爱民之心,无论何时何境都历久弥新。总之,吊礼、荒礼、襘礼、恤礼所要表达的都是家国之间相互关爱、互相扶助的关系,展现了人类互相关爱体恤之情,这种互相关爱、感同身受、互相扶助的现象展现了人类社会紧密联系、互爱互助的家国情怀的传承。

---

① 《周礼·春官·宗伯》。
② 《礼记·曲礼下》。

军礼,是征伐、军事活动方面的礼节仪式。"以征不义,诘诛暴慢,以明好恶,顺彼远方。"①礼乐与征伐,犹如车之两轮,不可偏废。"大师之礼,用众也;大均之礼,恤众也;大田之礼,简众也;大役之礼,任众也;大封之礼,合众也。"②这里把军礼分为五种:大师之礼,天子亲自率军出征的礼仪,旨在为了调动国民为正义而战的热情。大钧之礼,指校正户口,调节赋征等,属于军队建制管理方面的礼仪,此礼意在平摊军赋,使民众负担均衡。大田之礼,是天子检阅军队时的礼仪。田猎目的是检阅作战能力,查点作战装备和人员的数量,训练队伍协调配合以适应未来战争的需要,同时也有为田除害,保护农作物不受禽兽糟蹋的目的。礼法规定,田猎不捕、伤幼兽,不杀有孕之兽,不破坏鸟巢,不采鸟卵。大役之礼,指国家为建城筑邑、水利人防工程,而大兴徒役。大封之礼,是指勘定封疆,树立界标的礼仪。军礼表现了君王鼓舞将士作战士气、激励将士苦练兵杀敌本领、祈祷作战胜利、保佑将士平安归来、奖励军功、宽赦战俘、宣示主权威仪和疆界不容侵犯的家国情怀。军礼传承至今(如国庆阅兵、航母潜艇导弹等重大武器入列仪式),仍然有激士气、壮国威的作用,展现了军礼价值的历史传承。

宾礼,是邦国间的外交往来及接待宾客之礼。宾礼在《周礼》中已有记载。在分封制的年代,主要指诸侯朝见天子和诸侯相互聘问的礼仪。"以宾礼亲邦国。"③有着朝、盟、聘、会、觐、遇、视、问、同、誓、锡命等一系列礼仪制度。宾礼展现了国君对臣子看重和关爱之情,虚心征讨国策礼贤下士之胸怀,善待友邦四邻之天子威仪,同时也展现了天子海纳百川、心怀天下的胸怀与豪情,也展现了天子宽广的视野、仁德的胸怀和在家国情怀中的世代

---

① 《礼记·月令》。
② 《周礼·春官·大宗伯》。
③ 《周礼·春官·大宗伯》。

传承。

嘉礼,是饮宴婚冠、节庆活动之仪式,用以和合人际关系,沟通、联络感情。它属于民俗性礼仪,后文将详细介绍,这里不再赘述。

总之,礼要靠仪来体现,仪则必须贯彻礼的精神。礼没有仪的形式作为载体,就无法表达礼的价值观,礼就会变成空疏的抽象价值,变得无法接受;仪如果脱离了礼的精神实质,只注重揖让周旋、华服章制等外在形式,就会失去其价值意义,让人变得空虚烦琐。国家典礼所要传达的精神实质在于团聚民心,整合国民价值理想,使其与以君王为代表的统治阶级价值理想保持一致。由此看出,国家典礼实践活动是国家民族层面对家国情怀整体传承的意向表达。

3.民俗礼节:社会生态多样化承继

民俗礼仪实践活动是社会层面对家国情怀多维传承的丰富表现。社会民俗实践活动包括饮食、服饰、居所、活动等各方面礼俗活动。嘉礼旨在规范秩序、导正人心与亲和万民,"以嘉礼亲万民"①。其中,饮食礼以敦睦宗族兄弟,婚冠礼以贺成年男女,宾射礼以亲故友,飨燕礼以近四邻,脉膰礼以亲兄弟之国,庆贺之礼则贺国福。民俗礼仪文化活动承载着中华传统文化价值理念,寓教于美,是社会民众层面对家国情怀多维传承的丰富表现。

(三)家风国魂弘扬论

家风国魂弘扬论,意在揭示家风国魂、家国精神与家国情怀传承的联系,家国情怀的历史传承实际上就是家国精神的弘扬、家风国魂的价值传

---

① 《周礼·春官·大宗伯》。

递与发展。家风国魂所蕴含的家国精神具体可分为三个层面:家风家德精神、国家民族精神和社会时代精神。家风家德精神的实质内容在于"孝悌仁爱、中正和睦、知耻尚礼";国家民族精神的实质内容在于"爱国统一、民族团结、文传统化";社会时代精神的实质内容在于"革故鼎新、改革创新、命运与共"。

1.始于家风传承:孝悌仁爱、中正和睦、知耻尚礼

家国情怀的传承始于家风家德精神的传承,其核心内容在于"孝悌仁爱、中正和睦、知耻尚礼"。孔子尚礼是由于"礼"能够安邦定国,而安邦定国的基础在于"修身齐家"。每个人的初始家国情怀都起源于家风家德的传承和教化。《礼记·经解》云:"礼之教化也微,其止邪也未形,使人日徙善远罪而不自知也,是以先王隆之也。"荀子认为"性者,本始材朴也"①。人的本性首先是先天的自然性,这种本性本来没有高下贵贱、荣辱利害之分,但在社会交往中,因为社会价值导向的层次化区分,激发了人性潜在的好利贪欲、嫉贤妒能,从而对社会秩序和伦理规范有着潜在的威胁。因此,需要用"礼"来对民众"化性起伪"。"伪"就是人为,就是"心虑而能为之",而且"能习焉而后成"。②因为"性"产生"恶",而"伪"导向"善",所以要通过"隆礼"以道德教化百姓。教化百姓最基本、最开始的环节就是家教。家教最基本的教育就是孝悌仁爱的教育。《中庸》有云:"修身之道,修道以仁。仁者人也,亲亲为大;义者宜也,尊贤为大。亲亲之杀,尊贤之等,礼所生也。"修身要依道而行,修道靠仁,而仁、义的根本在于亲亲尊尊。孝道是修身的基础,孝悌忠仁是至善的准则。修身从"格物"做起。所谓"格物"就是要格去物欲之蔽。当孝悌仁爱之心具备了以后,人的心智就逐渐走向成熟,即

---

① 《荀子·礼论》。
② 《荀子·正名》。

所谓"成人"了。《礼记·冠义》说,冠礼是"成人之道也"。故古人重冠礼,行之于宗庙,告于先祖,民族之新生命,已由幼苗而长成,负担继往开来之责任。女子未许嫁在20岁,要举行笄礼,表示成人。《宋史·礼志》记载,公主举行笄礼后,聆听训辞:"事亲以孝,接下以慈;和柔正顺,恭俭谦仪;不溢不骄,毋诐(bì,偏颇,邪僻)毋欺;古训是式,尔其守之。"男女成年之后就可以婚配,婚姻缔结成家之后就要修炼"齐家"之德。所谓"齐家",就是对内亲和仁善,对乡邻和睦相处。《礼记·礼运》云:"父子笃,兄弟睦,夫妻和,家之肥也。"父子间诚信厚道,兄弟能和睦相处,夫妻恩爱和谐,家庭就会丰厚殷实。齐家,首先要做到家庭内成员关系和睦,还要注意与邻里的关系融洽,弘扬正气,知耻尚礼,只有处事公正、正道而行、明荣知耻、互尊礼敬,才能得到乡邻的支持和拥护,家道可兴也。浦江郑氏家族居于浙江浦江县郑宅镇,又称"郑氏义门"。从宋(北宋元符二年,1099年)直到明(天顺三年,1459年)300多年数千人同居共食、共财,是什么力量维持这个共同体长期存在? 元代郑永认为是"礼"。这个家族遵循"以德正心,以礼修身,以法齐家,以义济世"的治家理念,在元代两次被旌表为"孝义门",被朱元璋赐封为"江南第一家",成为中国传统社会家族同居时间最长、规模最大的家族之一。[1]《郑氏家仪》对冠、婚、丧、祭等人生礼仪进行了规范,以此统领家族生活,从而在实践中实现了家族的长盛不衰。如果说浙江浦江"郑氏义门"展现了孝悌仁爱家风的话,安徽桐城的"六尺巷"则展现了和睦乡邻的家德精神。以上两个案例,展现出孝悌仁爱、睦邻尚礼的家风家德精神对于治家的重要性,它展现了古人家国情怀"义礼仁和"精神的传扬,也从理论和实践两个方面诠释了家国情怀的传承始于家风家德精神的传承的道理。

---

[1] (元)郑泳:《郑氏家仪》,收入《四库全书存目丛书》经部第114册,齐鲁书社,1997年,第394~396、411~420页。

2.重在国魂传承：爱国统一、民族团结、文传统化

家国情怀的传承重在国家民族精神的传承，其核心内容在于"爱国统一、民族团结、文传统化"。

何谓"统一"？《辞海》对"统一"有三个解释：一是指国家由一个中央政府统治，没有分裂和割据；二是部分联合成整体、归于一致；三是一致的、集中的。综合这三种词义的解释可知，所谓"统一"，就是将部分联合成内在一致并紧密相连的整体。那么，何谓"统"？《康熙字典》中列有多种义项，首先引用了《说文解字》的解释："统，纪也。"《淮南子·泰族训》云："茧之性为丝，然非得工女煮以热汤而抽其统纪。"这里指出了"统"的本义——丝的头绪。由"绪"引申出"统"的第二层含义："世代相继的系统"，如，皇统（世代相传的帝系）、道统、传统、统承（继承统绪）、统系（系统）、统贯（系统、条贯）、统嗣（帝统的嗣续关系）。《荀子·解蔽》云：求其统类。"统"的第三层含义是"纲纪，准则"，如，体统（体制、格局、规矩等）、统纪（纲纪）、统类（纲纪和条例）等。《荀子·臣道》云：忠信以为质，端悫（què）以为统。"统"的第四层含义是："本也"，《易·乾卦》云：乃统天。以上"统"的四层含义是作为名词的理解。"统"作为动词时，指"总括、合而为一"。《公羊传·隐公元年》云："大一统也"。也有"主管、率领"的意思，如，《荀子·强国》云："若其所以统之，则无以异于桀纣"；还有"管理、治理"的含义，如，《列子·天瑞》云："昔者，圣人因阴阳以统天地"；此外有"穿通"的意思，如：统院，指相互穿通的前后院。此外还有作为副词、量词的含义，由于与本话题不直接相关，这里就不再一一列举了。由上面"统"的名词性、动词性义项可知，所谓"统"，就是世代相承继的纲纪和准则，它是总领和协调各组成部分的基本原则，主体也依此原则去领导、管辖、整合与治理。统成什么呢？统成"一个国"，这个"国"不仅具有地理意义上的国土资源、疆域边界、经济物质基础、活动空间,也具有法理意义上的政权制度、法制属性、籍属界分,还具有历史文化上的意义,如个人对"国"的精神依存关系、心理情感关系、文化价值关系,包括归属感、认同感、尊严感、荣耀感等。因此,用"祖国"来命名,而不简单地用"国家"或者"家国"来命名。"国家"更多地指政治意义、法理意义上的"国";"家国"更多地强调家与国之间的情感关系、历史文化关联和相互之间的利益属性。而"祖国"则比较全面地囊括了物质与精神层面上的"国",凸显了人与国之间的历史文化、法理制度和地理资源价值关系的概念意义。由以上对"统""统一""祖国"的词源意义梳理,可知"爱国统一"的目标价值指向"一个祖国",重在整体划一。

为何要崇尚和坚守"爱国统一"呢？从理论逻辑看,"统一"的价值理念来自《易经》的阴阳五行统一论。《易经》认为,宇宙万事万物由具有阴阳变化关系的五种要素组成统合联系的整体,五要素相生相克、阴阳相对相成、缺一不可,共同构成紧密联系的整体。这一理论崇尚的"统一"价值理念也在马克思主义辩证统一规律和物质世界的统一性原理中得到确认,与现代科学宇宙全息统一论相契合,它逐渐成为"圣人抱一守贞"的传统古训而流传至今。祖国的各个组成部分犹如阴阳变化的五个要素,不能彼此分离,只有这样才构成整体的祖国;倘若彼此分离,则"国将不国";所以,要坚守爱国统一的价值原则。从历史逻辑看,爱国统一顺应了中华民族发展历史规律和大趋势,它将中华民族文化传统历史地联系在一起,承载了中华各民族文化的生态性和多样性,保持了中华文明的传承性,同时也符合整个人类社会发展的历史规律,所以要坚守爱国统一的价值原则。从现实逻辑看,祖国大家庭中各民族合则两利、分则两害,中华民族利益协调一致,只有统一才有利于聚合发展资源、协调行动,否则,四分五裂则形不成发展合力,祖国整体实力不强就经不起外来因素的干扰、破坏和入侵,各民族的利益也就得不到保证,所以要崇尚和坚守爱国统一的价值原则。

何谓团结?"团"原指线团,"结"原指绳结。用以比喻为了集中力量实现共同理想或完成共同任务而联合。所谓团结,就是相互配合,真正的团结就是无条件地配合。在一个国家中,也要坚持团结,包括各党派、各阶级、各阶层、各地区、各行业、各民族之间的团结,特别是多民族之间的团结,民族团结要成为我们坚守的价值原则和理念。为何要坚持民族团结的价值理念? 各民族的团聚凝结则整个国家就有发展力量,团结可抗风险、团结可以减少和化解矛盾,各民族的团结就能增强民族间的心理认同,促进中华民族统一体的认同,就可以维护祖国统一。祖国统一,又能进一步增强各民族之间的交流,增进相互了解和信任共识,促进情感认同,中华民族大家庭中各民族间就更加团结。祖国统一、民族团结,则民族就能强盛,"民族强盛,是同胞共同之福"①。

为何要坚持"文传统化"呢? 坚持"文传统化",就是要尊重和传承中华民族的历史和文化。中华民族的优秀传统文化是整个民族的精神命脉。在爱国主义教育中着力彰显中华优秀传统文化独一无二的理念、智慧和气度,可以增强每个中国人的自尊心和自信心,可以增强整个民族的凝聚力和战斗力,可以增添华夏儿女对本民族传统文化的豪迈感和敬畏感,这对于全体中国人民和整个中华民族树立对祖国的光辉历史形象的全面认识、加深个人对祖国的敬仰情怀、巩固爱国统一战线、战胜西方文化中心主义和各种藐华辱华宣传、增强各民族之间的长期信任和永久团结等方面都起到积极的促进作用。因此对中华优秀传统文化的尊重与传承,必然伴随着对中华历史的尊重与守望。习近平指出:"历史是一面镜子,从历史中,我

---

① 《习近平谈治国理政》,外文出版社,2014年,第238页。

们能更好看清世界、参透生活、认识自己;历史也是一位智者,同历史对话,我们能够更好认识过去、把握当下、面向未来。"①然而有人打着"重评历史"的幌子,诋毁革命领袖、抹黑英雄,企图否定共产党的领导,这是极端错误的。"中国共产党人不是历史虚无主义者,也不是文化虚无主义者。……应该科学对待民族传统文化,科学对待世界各国文化,用人类创造的一切优秀思想文化成果武装自己。"②因此,要坚持"文传统化"。从"爱国统一""民族团结""文传统化"三者的辩证关系来看,"爱国统一"是基础、是前提,"民族团结"是手段,也是目的,"文传统化"是核心价值手段,也是价值追求方向。有了统一的祖国,民族团结就有了基础,文传统化也就有了实现的可能;有了团结的民族,国家统一就牢不可破,就容易实现共同的文传统化的价值追求;有了文传统化,国家统一和民族团结才能稳定、长久。反之,如果没有祖国的统一,民族团结和文传统化就失去了基础,也就没有了可能;没有民族团结,国家统一也就不能实现,即使暂时实现,也难以长久,而文传统化也就失去了意义;没有文传统化,国家统一和民族团结就只能是强权政治下的暂时状态,既不稳定,也不长久。所以,三者是辩证统一的、缺一不可的、互相作用的。综上所述,家国情怀的传承重在国家民族精神的传承,其核心内容在于"爱国统一、民族团结、文传统化"。

3.益于时代承继:革故鼎新、改革创新、命运与共

家国情怀的传承得益于社会时代精神的传承,其核心内容在于"革故鼎新、改革创新、命运与共"。所谓"革故鼎新",是指"中国传统社会所历经的三次重大变革,即殷周变革、春秋战国变革和唐宋变革,这三次变革既是

---

① 《习近平谈治国理政》(第二卷),外文出版社,2017年,第351页。

② 习近平:《在纪念孔子诞辰2565周年国际学术研讨会上的讲话》,新华网,2014-09-24,http://www.xinhuanet.com/politics/2014-09/24/c_1112612018.htm。

社会变革,也是以价值为中心的文化变革。与传统社会变革相对应的社会传统价值思想也经历了三次以价值为中心的文化革命,即西周礼乐革命、西汉儒学革命和宋代理学革命。第一次价值革命发生在商周时期,其标志性事件是文武周公礼乐文化制度的颁行,强调'天命'背后的'人事'作用与价值,妥善处理了'尊神'与'重人'之间的关系,从而实现了文化从'神本'向'人本'的转变。同时,周人改变了殷商好武的风格,提出敬天保民、以德治国,崇尚人文教化,将'武治'转变为'文治'和'德治'。中国数千年的人文价值传统得以奠定。第二次价值革命起于春秋末期,到西汉中期才彻底完成。其标志是孔子以'仁'为核心的儒家价值体系的确立,它妥善处理了人与社会的关系,实现了从'人本'向'仁本'文化的提升。这一文化思想直到汉代'罢黜百家,独尊儒术'的政策实施后,才最终成为占据统治地位的价值体系。第三次价值革命起于唐中期,讫于两宋时期。魏晋南北朝时期是北部游牧文化与中原汉文化冲突融合的时期,佛道文化与儒学道统分庭抗礼,儒学自身也发生分化,经学式微,中国价值传统受到剧烈的冲击。宋代程朱理学建立了以'理'为核心的价值体系,解决了'天理'与'人性'的价值关系,实现了'仁性'向'理性'的转变。中国历史上这三次重大文化变革紧紧围绕价值革命,初步奠定了中华人文价值传统、伦理价值传统和理性价值传统"①。所谓"改革创新",这是一种破除社会发展障碍、激发社会发展活力的创举,"是一种突破常规、大胆探索、勇于创造的思想观念,也是一种不甘落后、奋勇争先、追求进步的责任感、使命感,更是一种坚韧不拔、自强不息、锐意进取的精神状态"②。所谓"命运与共",是指"世界各国处于一

---

① 刘松:《革命文化是文化自信的精神支柱》,《山东社会科学》,2018年第2期。

② 本书编写组:《思想道德修养与法律基础》(2018年版),高等教育出版社,2018年,第52页。

种互相依赖、休戚与共的关系之中,只有包容互惠、和衷共济,才能实现合作共赢、共同发展"[①]。在命运与共的国际关系状态下,处理国与国之间的关系准则只能是"和平发展、合作共赢、公平正义、休戚与共"。由"革故鼎新"到"改革创新"再到"命运与共",我们清晰地看到时代精神价值发展的脉络,展现了人类文明自强不息、前进不止的昂扬精神和发展态势,也展现了中国人民在历史和时代的大潮下不断拼搏图强、勤奋进取、开拓创新的家国情怀。所以说,中华民族家国情怀的传承得益于时代精神的传承转化。

---

① 韩震:《社会主义核心价值观的话语建构与传播》,中国人民大学出版社,2019年,第168页。

第四章　家国情怀的历史传承发展

从我国历史发展阶段看,"中华家国情怀经历了家国未分的帝王禅让时代、家国一体的宗族世袭时代、家齐国治的大一统官僚专制时代、平等和融的人民民主时代四个历史发展阶段,其所呈现出'即家即国''敬天法祖''天下一统''爱国惜家'的特点映射出'主体自由、民族和睦、文明提升'的家国情怀历史衡量标准"①。在家国情怀的历史发展过程中,主体自由与制度约束是一对核心矛盾,也是家国情怀历史发展的特殊矛盾。调节这对矛盾、维护社会秩序的是"礼"。"礼"是华夏文明的标志,是中国古代文化的基础,是人人遵守的社会规则,是中华民族文化生命力的源泉。人类社会文明延续和提升的标志在于"礼"的传承和发展,主体的自由在制度约束下以"礼"的形式表现,主体自由须由个体行为之"礼"来规范,民族团结与和睦与否由民族、国家交往之"礼"来表征。因此,家国情怀的历史传承与嬗变也就表现为"礼"的传承与发展。"礼"的核心精神在于重人远神的入世情怀,在于以礼乐教化天下的人文精神,在于尊礼尚施、礼宜乐和的家国同构理念,在于常与变、因与革的变易精神,在于过犹不及、允执其中的中庸精神。②家国情怀以"礼"作为传承核心精神,其追求的核心目标是"和"。针对我国社会主体家国情怀的四个发展阶段,详细分析阶段之间历史延续脉

---

① 刘松:《主体自由、民族和睦、文明提升:家国情怀的历史衡量标准探析》,《山东社会科学》,2019年第5期。

② 张自慧:《礼文化与致和之道》,上海人民出版社,2012年,第30~35页。

络过程与原因,可以探究我国的家国情怀历史传承与发展规律。

一、国家诞生之前恋家情怀的萌生

家国情怀起于恋家情怀,而恋家情怀则源于对亲亲之孝。"孝"的意识源于原始社会敬老、尚齿之风。由此可见,亲亲以礼源自上古家和的习俗。

(一)恋家情怀萌于原始社会"以礼和民"的习俗

自从盘古开辟天地之后,人类首先经历了漫长的血缘家族社会,然后是母系氏族社会。血缘家族社会相当于有巢氏和燧人氏时代,约当考古学上旧石器时代早期和中期,包括繁昌人字洞古人类遗迹和元谋人、北京猿人、马坝人、长阳人等,大约历时两百多万年。这一时期,人们开始制造石质和木质工具,学会在树上构巢居住、学会人工取火方法,同族中兄弟姐妹互相婚配,过着以采集为主辅以渔猎的生活,对自然和神灵开始崇拜,有了万物有灵的观念。先祖帝王对家的情怀最早可追溯到原始时代氏族家庭初萌"以礼和民"之时。"旧石器时代周口店及山顶洞人就有'爱美的观念'和'饰终的仪式',新石器时代仰韶及半坡遗址所展示的社会生活的'井井有条'、社会秩序的'有条不紊'"①,都表明原始先民家庭社会已经有了"以礼和民"的萌芽。

(二)恋家情怀践于三皇五帝率民置婚尚礼

母系氏族社会相当于传说中的"三皇"时代,约为考古学上的旧石器时

---

① 范文澜:《中国通史》(第1册),人民出版社,1994年,第5页。

代晚期和新石器时代前期,大约历时五万年。《史记》中有"天皇、地皇、人皇"的记载,汉朝人应劭认为"三皇"指伏羲、女娲、神农。父系氏族社会相当于传说中的"五帝"时代,相当于考古学上的新石器时代晚期,大约历时1000年。"五帝"指黄帝、颛顼、帝喾、唐尧、虞舜。中国人认为女娲是人类始祖,女娲与其兄伏羲结为夫妻,繁衍了整个人类。《礼记·曲礼·正义》所引《世纪》所言:"神农始教天下种谷,故人号曰神农。"《艺文类聚》卷五引《物理论》云:"畴昔神农始治农功,正节气,审寒温,以为早晚之期,故立历日。"《帝王世纪》也说:"(神农)尝味草木,宜药疗疾,救夭伤之命。"《路史·后纪》云:"(神农)教之桑麻,以为布帛。"总之,神农炎帝开辟了伟大的农耕时代,带领人们生产劳作,顽强地与自然抗争,繁衍不息,展现了"三皇"博大的人民情怀。

与此同时,在漫长的自然选择过程中,人们慢慢发现同族婚配的缺陷,氏族内部通婚逐渐被禁止,只能在氏族之间同辈男女进行婚配。由于实现了族外群婚,人类社会组织从血缘家族转变为氏族社会。由于族外婚的婚姻对象不固定,所生孩子的父亲就无法确知,世系血统只能按母系计算,孩子随母亲生活,属于母系氏族成员。与血缘家族不同的是,夫妻分属于不同氏族,丈夫白天随本氏族活动,夜晚来到妻子的氏族过婚姻生活,第二天早晨又回到自己的氏族活动,夫妻死后也分别安葬在各自氏族墓地。在母系氏族社会,由于女性占据着氏族内部土地财物的管理地位,加上担负着后代抚育的责任。因此,妇女在氏族成员中享有崇高的威信。氏族内部,财产公有,成员地位平等,氏族酋长按民主方式推选,人们智力水平有所提高,始知美丑,产生了灵魂不灭的观念,图腾崇拜开始盛行。唐代杜佑在《通典》中对原始先民家庭社会尚礼之风有这样的描述:"伏羲以俪皮为礼,作瑟以为乐,可为嘉礼;神农播种,始诸饮食,致敬鬼神,禖为田祭,可为吉礼;黄帝与蚩尤战于涿鹿,可为军礼;九牧倡教,可为宾礼;《易》称古者葬於中野,可为凶礼。……故自伏羲以来,五礼始彰。尧舜之时,五礼咸备。"①"五礼咸备"意指"五礼"之形式与所倡精神已经具备了后世"和民"的初始形质。这一观点在《尚书》和《史记》等典籍中得以验证。《尚书·舜典》有云:"帝舜,曰重华,协于帝,浚哲文明,温恭允塞,玄德升闻,乃命以位。慎徽五典,五典克从。"舜帝名叫重华,与尧帝合志。他有深远的智慧,经天纬地的文化,照临四方的胸怀,文德辉耀,温和恭敬、诚实厚道。他的潜在德行上传到尧帝耳朵里,尧帝于是授给了舜帝位。舜慎重地赞美五种常教(父义、母慈、兄友、弟恭、子孝)的做法,人们都能顺从。唐代孔颖达作《孔疏》释义"文明"二字,"文"的意思是"经纬天地","明"的意思是"照临四方"。这是中国文化典籍对"文明"的最早解说,体现了"文明"者,必为非凡之辈,典型地表达了中国文化的民族特色,用最华美的文辞来宣传帝王集权统治的威仪,它是先王集权统治需要的一种伦理思维表达。

(三)恋家情怀生成于尚礼为德的亲亲之家

中国传统社会认为"德"是主体的情感愿望和行为举止约之于"礼"的理性状态。那么"德"有哪些具体内涵与品性呢?《尚书·皋陶谟第四》概括出人的九种美德内涵与品性:"宽而栗,柔而立,愿而恭,乱而敬,扰而毅,直而温,简而廉,刚而塞,强而义。"②做人的德行要讲究:宽宏大量而又谨小慎微,性格温顺而又独立不群,提出愿望要求而又态度谦恭,有治理才干面对乱局而又对客观规律和业界权威意见心存敬畏之心,性格柔和温顺并且遇到困难百折不挠而又能在处事决断的关键时刻表现得刚毅果断敢下决心

---

① 《通典·礼典》卷四十一　礼一　沿革一。
② 《尚书·皋陶谟第四》。

确立方案，为人耿直、敢于直抒己见而又在对人的态度上表现出待人和气，志向远大、大道至简而又注重清正廉洁、保持做人的节义，刚正不阿、性格刚烈而又笃实、遵循实事求是，坚贞不屈、不为外力所退让而又符合道义。这九种美德展现了先王圣贤们对家国伦理道德的思考和追求，是先王家国情怀之表现。司马迁在《史记·五帝本纪》中对尧舜"以礼和民"、尧帝以"礼"考核虞舜有一段故事。一天，尧对四岳说："四岳，谁能接替帝位？"大家都向尧推举虞舜。尧说："舜为人咋样？"四岳答道："其父是个盲人，固执贪婪，母亲奸诈顽固，弟弟傲慢无礼，而舜却能与他们和睦相处，尽孝悌之道，把家治理好。"尧听完大家介绍，就把自己的两个女儿嫁给了舜，想借女儿考察舜的为人。舜让两位妻子放下尊贵之身住到妫河边的家中，遵守为妇之道，与普通百姓共同劳作。尧认可舜的做法，就委以其司徒之职。舜很快理顺了五伦关系，人们变得彬彬有礼。尧又让他参与政务，政务立马变得有条不紊。让他在明堂接待宾客，宾客都变得恭敬和睦。尧又派舜进入山野丛林大川草泽执行任务。舜遇上暴风雷雨，也没误事。尧认为舜德才兼备，对他说道："三年来，你行事周密，信守诺言。你就登临天子位吧。"正月初一，舜在文祖庙接受了尧的禅让。这段故事既表明舜帝高尚的道德节操，也表明尧在家族部落治理方面"以礼和民""以礼齐家""以礼教民""以礼禅位"的"亲亲"治家情怀。后来，舜帝也传承了这种"亲亲以礼和民"的精神，又将帝位禅让给禹，传承了先帝和平交接权力的好传统。

综上所述，可知人类社会初期，三皇五帝的文明功绩展现了我国远古人类社会物质文化的壮丽与灿烂：盘古时代，开天辟地，天地生成；女娲时代，人类诞生；伏羲时代，文明初创，渔猎文明发生；炎帝神农时代，农耕文明开创；黄帝时代，统一战争、立国治世、发明创造；颛顼帝喾时代，绝地天通，人神分野；尧舜时代，政治时代。随着社会的不断发展，原始社会早期原始民主演变为军事民主,全体氏族成员的民主被氏族酋长和部落酋长的民主所代替,家庭内部的性别不平等、阶级压迫以及部落之间长期征战也唤醒了人们内心深处的亲情意识、平等意识、抗争意识与和平意识,英雄崇拜开始出现。夏王朝建立,国家诞生,家国情怀也由此萌生。

二、家国一体时代家国情怀的传承

从原始的家国混沌时代到家国一体的宗法世袭时代,虽然权力承续的方式发生了很大变化,但家族组织、宗法式家族制度的影响在加强。从历史大视角来看,统治阶级家国情怀所传承的核心精神得以彰显:追求以和平的方式传继权力,力求维护社会秩序的稳定,竭力实现政权平稳过渡和权力交接。两个朝代之间的转换往往表现为激烈的战争,但战争的目的仍然是"以战促和""以战除腐""以战汰弱""以战平战""战而统一",志在统一的战争结束后,仍崇尚"礼"的传承,其所传承的核心精神与价值理念就是追求"和",展现了两个时代的君王胸怀天下苍生、心系黎民百姓的家国情怀。

(一)"亲亲以礼和民"与"尊尊以礼治国"

夏朝是中国历史上出现的第一个国家政权。它标志着史前社会(即原始社会)的结束,也标志着阶级社会的诞生。从公元前21世纪夏朝建立到公元前3世纪后期秦始皇统一六国的一千八百多年里,中国经历了夏、商、西周、春秋、战国,史称先秦。这一时期从奴隶制国家的形成、发展、鼎盛、瓦解到大一统封建制帝国的确立,社会制度发生了巨大变化,礼文化也有诸多变化,人们对"和"的追求也更加迫切和强烈了。

1.国从夏始,孝亲为基,礼尊始现

夏朝处于由原始社会向奴隶社会的转型期,夏礼突出了宗法和神道的作用,将禹以前的"天下为公"变成了"天下为家",将"人人平等"变为君臣等级制度,礼成了仅次于强权政治和武力的维护阶级社会等级统治的工具。对民的"忠"的要求已经提出,但孝亲还是最基本、最首要的要求,统治者亲而不尊,百姓质朴不文。到了殷商时期,重鬼神、轻礼教,尊而不亲,百姓放荡不羁,不知廉耻。到了周代,尊礼而远鬼神,近人而作忠,统治者亲而不尊,百姓好利乖巧。对此,孔子总结说:"夏道遵命,事鬼敬神而远之,近人而忠焉。先禄而后威,先赏而后罚,亲而不尊。其民之敝,蠢而愚,乔而野,朴而不文。殷人尊神,率民以事神,先鬼而后礼,先罚而后赏,尊而不亲;其民之敝,荡而不静,胜而无耻。周人尊礼尚施,事鬼敬神而远之,近人而忠焉,其赏罚用爵列,亲而不尊;其民之敝,利而巧,文而不惭,贼而蔽。"[①]孔夫子对夏、商、周三代在遵天命、近人事、利禄赏罚、尊与亲等方面以及民敝方面对三代作了系统比较。孔子的这一认识和总结,道出了社会制度与人群特质之间存在着对应关系。孔子在《易经·系辞下传》第十一章总结道:"易之兴也,其当殷之末世,周之盛德邪?当文王与纣之事邪?是故其辞危。危者使平,易者使倾,其道甚大,百物不废。惧以终始,其要无咎,此之谓易之道也。"《易》的兴起,大概是在商朝末年,周朝德业正盛之时,正当周文王臣事商纣王之事吧?因此卦爻辞里面的内容都蕴含危机警示的意味。能够使危难深重者平安,使离道改易者倾覆;道理内涵非常深广,万事百物都不偏废,对其发展自始至终保持警惧忧患心态,其要旨归于慎求"无咎",这就是《周易》的道理。

[①] 《礼记·表记》。

2.殷商尊神拜祖，以礼敬祈为用

进入商朝，"礼"字开始频繁地出现在各种文献资料、钟鼎甲骨之上，传达出统治阶级对"礼"的观念意识与殷殷家国情怀。殷商时期，帝王崇占卜，民间尚鬼。《诗经·卫风·竹竿》三章有云："巧笑之瑳，佩玉之傩。"这里"傩"的意思是"驱鬼逐疫"。傩仪和傩祭是中国古老的巫术文化现象，其形成和发展始于殷商时期。殷商时期，这种巫术活动在广大的中原地区十分盛行，其仪式也被传承下来，现在蜀地边远山区、汉水源头宁强地区还有"傩舞"流行。《乐府杂录》曰："驱傩用方相四人，执戈扬盾，口作傩傩之声，以除逐也。"傩祭有国傩和乡傩之分。南唐陈致雍曾作《大傩议》以述此遗风。时人按《周礼》所云施傩祭："方相氏掌蒙熊皮，黄金四目，玄衣朱裳，执戈扬盾，帅百隶而时傩，以索室驱疫。"何谓傩耶？傩，却也，却逐疫疠凶恶。为何要举办傩祭？夫阴阳之气，不即时退，疠鬼随而为人作祸。月令，季春命国傩，谓阴气至不止，害将及人，故傩阴气。仲秋天子乃傩，阳气不衰，亦将害人，故傩阳气。阳，君也，臣无傩君之道，故称天子。此二傩，皆为阴阳气不退，故国家以礼傩之。季冬命有司大傩，强阴用事，疠鬼随出害人，故作逐疠之方相，犹仿象也。仿象，畏惧之貌也。傩祭其实就是一种调节人神关系的礼仪，表达了殷商时期人们对鬼神的敬畏崇拜、祈求平安的愿望。商汤在《尚书·汤誓》中为自己讨伐夏桀的行为辩解，他担心有人诬蔑他的讨伐行为是犯上作乱，于是在出征祭祀大典上顺应百姓"时日曷丧？予及汝皆亡"的呼声，作此誓言。这一方面反映了商汤顺应民意、尊崇天德信誓旦旦的人民情怀和天下情怀，另一方面展现出开明的政治家强调执政的礼仪修养、严格尊崇君臣上下的礼法观念和等级意识的治国理念，展现了君王"尊尊"的国家情怀。

3.周人尚礼,远神近人,惟德是辅,情怀尽显

《尚书·周书·洪范》载曰:"武王胜殷,杀受,立武庚,以箕子归。作《洪范》。"在《洪范》中,殷纣王亲属及大臣箕子禀告周武王治国安民之道,归纳为九大范畴:"(一)五行;(二)敬用五事;(三)农用八政;(四)协用五纪;(五)建用皇极;(六)乂用三德;(七)明用稽疑;(八)念用庶征;(九)向用五福,威用六极。"①《洪范》的这九大范畴涉及治国的方方面面,它系统阐发了一种君权天授的神权行政思想,足以建构和治理一个国家。由此看出,从殷商尊崇鬼神、用人神关系来导化人世间人际关系的思维发展到西周,已经开始注重用"礼"来规范和调节君臣国家之间的等级关系。如果说殷礼以宗教礼仪为主,那么,周礼则是以人际礼仪为主。殷礼开始重于鬼神之礼。周礼既实现了中国文化的重大转型,从人鬼之礼转换为人际之礼,又实现了亲亲到尊尊的平稳传承与转换。春秋战国时期,"礼崩乐坏",礼文化的封建等级观念、君臣尊尊文化并没有"崩坏","崩坏"的仅仅是维护周天子统治的周礼,而诸侯和卿大夫的"尊尊"权威实际上是在提高和强化,"尊尊"的实质精神得到传承和巩固。由此可见,新兴地主阶级传承了奴隶主贵族阶级礼制中"尊卑等级"的核心精神,再造了新的尊尊等级制度,展现了新兴地主阶级顺应时代、富于创新、秉承传统的家国情怀。

(二)家国情怀"基于孝、荣于忠、尊于礼"

家国一体并立时代采用宗法世袭制,在家国情怀的传承上是依托于礼的传承,而礼的传承中最核心、最基本的道德要求就是孝与忠。下面就从家国情怀的制度传承与转化角度系统剖析孝与忠的制度传承与转化过程。

---

① 《尚书·周书·洪范》。

1.情怀基于孝

孝意识萌于上古尊老、尚齿观念,成熟于春秋战国时期。孝的概念从生发到成熟经历了四个阶段的发展。第一,孝的意识的产生源于上古尊老、尚齿观念。早在原始氏族社会,就有尊老、尚齿的观念。随着氏族婚制的发展,家庭的出现,尊老、尚齿的一般性观念被具体化为宗族和个体家庭的伦理道德。在早期祖先崇拜和各种祭祀活动中,逐渐演化成对先祖和长辈的孝的意识。第二,孝的意识被殷人崇神拜祖的敬畏心理所强化。殷代是个崇神拜祖的社会,对帝神和祖先的崇拜、敬奉和祭祀活动成了当时社会生活的主要内容。在殷人的精神世界里,还没有善神的观念,拜神只是为了消除对灾异、死亡的恐惧。因此,殷代宗族与家庭内部及其之间的伦理关系的维系就只能依靠神灵的存在,神灵足以保障整个社会伦理关系的协调和稳定。殷人把祖先神看作自己向帝神提出护佑要求和表达敬畏以及传递天神回应的媒介。在这种情形下,对先祖的孝意识被殷人崇神拜祖的敬畏心理所强化。第三,孝的观念被周人转化为人伦道德规范。相对于殷人的零散祭祀体系,周人的祭祀体系更加完备和系统化。但随着人类认知能力的提升,神灵的权威地位有所下降,已经不能主宰周人社会生活的全部内容,取而代之的是一种更加理性、更加人性化的存在。周人不再像殷人那样一味对帝神戒惧、拜祖只为求得赐福,而是在内心生出对帝神和先祖的感恩之情。《礼记正义·祭统》有云:"夫祭者,非物自外至者也,自中生于心""心怵而奉之以礼"。在这一时期,孝意识逐渐在宗法制度下演变为孝观念。所谓"宗法",即宗族之法,《说文解字》释"宗"为"尊祖庙也",《尔雅·释亲》解释为"父之党为宗族"。孝的观念就是在宗族"心理—情感"特征中被强化,其具体要求又反过来巩固了宗法关系和宗法制度。于是,孝观念就成为周天子治理天下国家的有效工具,成为西周时期最重要的德性观念。《尔雅·释诂》以孝释享,认为"享,孝也"。享的主要内容是向亲人奉献祭品,表达敬意,其基本功能也在于祭祀。周族建国后,在宗族内实行严格的宗法制度,以此维护和稳固本族内部生活秩序,依靠血缘关系加强宗族内各单位及个人的相互认同感,于是大宗宗室也逐渐成为族人享孝的对象。《礼记·大传》云:"人道亲亲,亲亲故尊祖,尊祖故敬宗,敬宗,尊祖之义也"。第四,孝的理论在春秋、战国时代发展成熟。春秋时期,随着社会生活的发展,宗法体系有了新变化,孝观念的内容也有所更新。特别是经过孔子、孟子、荀子接续完善为孝的伦理理论体系。前面几章已经涉及孝的理论体系内容,这里不再赘述。

2.情怀荣于忠

"忠"从春秋时期一般性道德观念逐渐发展为对宗族、君王的道德观念,最后在战国后期被法家绝对化为忠君观念,意味着全社会"以忠为荣"。孝观念作为规范社会伦理关系的道德准则,是宗法制度的产物,在西周时就已经大行其道了。[①]而忠作为观念形态的道德要求出现要晚得多。在《甲骨文编》以考释的九百余字当中,找不到"忠"的痕迹[②]《诗经》中大量出现孝字,却没见到一个忠字。但在《左传》(忠字出现70处)、《国语》(忠字出现52处)、《论语》(忠字出现18处)中,而且都是用在伦理道德方面。这表明在春秋时期忠的观念已经深入人心。"忠、信、笃、敬,上下同之,天下之道也"[③];"天事武,地事文,民事忠信"[④]。这里的忠就体现为人所共有的道德规范,不仅指庶民百姓,也包括天子、诸侯、公卿、大夫等社会各阶层成员,忠实际上是对所有社会成员的道德要求,并不单指对君臣的道德伦理关

---

① 张锡勤、柴文华主编:《中国伦理道德变迁史稿》(上卷),人民出版社,2008年,第93页。
② 中国社会科学院考古研究所编:《甲骨文编》,中华书局,2004年。
③ 《左传·襄公二十二年》。
④ 《国语·楚语下》。

系。关于忠的内涵和道德伦理要求在前面章节也已述及，这里不再赘述。

3.情怀尊于礼

孔、孟、荀创立、发展并完善了"礼"的理论，自此，家国情怀的理论传承形态始现。家国情怀以对礼的尊敬服从为基本价值取向。中国礼治思想的形成得益于孔子、孟子和荀子。孔子对礼学思想的创建有三大贡献：礼仁结合、礼遍天下、礼由损益。经过三圣推进，礼文化成型的标志性成果——《三礼》基本成形。《周礼》成于战国，集西周、春秋礼制之大成；《仪礼》是孔子对先秦礼仪之汇编；《礼记》属孔子后学所作，作于先秦，成于西汉。《三礼》的成书为中国大一统封建社会的国家治理奠定了理论基础，也为后续魏晋南北朝隋唐时期五礼的实践提供了理论指导。关于礼的内涵以及相关理论在前面章节已述及，这里不再赘述。

综上所述，家国一体的宗法世袭时代对家国混沌的帝王禅让时代，家国情怀传承的核心精神与价值理念就是追求"和"，追求以和平的方式传继权力，以孝忠为手段维护社会秩序的稳定，以礼治天下国家。

三、家国天下时代家国情怀的传承

自奴隶社会家国一体时代到家国天下时代，家国制度有了较大变化。从家庭、家族制度方面看，自春秋战国时期始，宗族组织和宗法制度日渐衰落瓦解，独立小家庭开始普遍化，这些小家庭过着血缘关系松弛的族居生活，在整个封建社会时期，家族组织和制度几经变化，历经沧桑；从国家制度方面看，宗法封建贵族世袭的权力制度被大一统的中央集权专制制度所代替，治国制度也有了较大变化。面对家国制度的沧桑巨变，没落的旧贵族和新兴地主阶级鲜明对比的家国情怀得以彰显。但总体来讲，统治阶级的家国情怀所传承的基本精神仍然是"重尊卑、依纲常"。尊卑等级观念得以传承,儒家思想被定格为传统纲常名教思想,成为维护社会稳定秩序的基本准绳。朝代之间的转换仍然表现为激烈的战争,战争的目的仍然是"战而一统",战争结束后,仍以礼相传承,其所传承的核心精神与价值理念还是追求和。历朝帝王统治者,虽然其中不乏个别慵懒、腐朽、残暴之辈,但总体而言,历史主流仍然彰显出各代君王胸怀天下苍生、心系黎民百姓的家国情怀。

(一)秦统帝国与汉定纲常:传承尊卑等级的家国理念

秦汉时期是中国历史上大一统封建帝国始建时期,它不仅传承了先秦儒道法墨先进治国齐家文化,而且将德法并用上升为国策,树立了"三纲五常"的传统道德基本原则规范,开启了大一统德本社会的治理先河,家国一统、尊卑等级、纲常名教成为后世传承的基本内容。

1.宗法瓦解,小家遍行,一统莫基

战国宗法制度瓦解、家族组织衰落,独立小家庭普遍化为大一统国家的出现创造了条件。宗法式家族组织从商代就已经兴起,维持了近千年,到战国时已经彻底瓦解。这个过程从春秋初年就开始了。宗族组织制度衰落的原因有四个:其一,周王室衰微,地位下降。公元前770年西周灭亡,周王大宗子共主地位丧失,大宗、小宗之间出现争夺,各诸侯国君争夺君位,动摇了嫡长子继承制;其二,新旧贵族斗争和长期战争(兵役、徭役)消灭和削弱了大批宗族组织;其三,政治制度的变革促使宗族制度迅速瓦解,特别是世卿世禄制的废除和官僚制的形成,打击了宗族势力对权力的控制,郡县制的兴起使政权脱离族权而独立,大量布衣卿相登上政治舞台,摆脱了往日宗族的束缚;其四,各国改革和变法对宗族制度产生了彻底的破坏,如土地私有制的确立和家族公田的废弃、户籍赋税制的改革使家族成员直接隶属于国家、奖励小家庭分居使大家族迅速分化瓦解。宗族制度瓦解,形成了一个个摆脱宗族组织束缚而直接隶属于国家的数口之家。独立小家庭的普遍化为"大一统"国家的出现创造了条件。战国时代,没落的奴隶主贵族残忍地发动彼此疆土争夺的战争,严重破坏了人民生命财产安全,百姓为了躲避战祸和远戍兵役,死徙他乡。这也激起了广大百姓惆怅幽怨的家国情怀,盼望着战争早日结束,国家早日统一。

2.秦扫六合,法序尊卑,众望所归

秦代社会巨变,"大一统、别尊卑、法纲纪"的稳定秩序众望所归。秦灭六国实现了中央集权的大一统制度,在一定意义上说,也是顺应了历史发展趋势和广大百姓的和平意愿,也是封建君王传承至和的家国情怀的一种表现。公元前221年,秦荡平战乱,建立了至高无上的皇权。接着,秦始皇废分封行郡县,统一货币和度量衡,统一和简化文字,实现"车同轨,书同文",统一西南夷和百越,"缘法而治"①,建立了大一统封建大帝国。秦始皇虽然大力破除宗法关系,滥施刑罚,反对儒家的迂腐"虚伪",然而秦朝同样需要明确尊卑等级以维护皇权和社会秩序,对礼仪、礼制还是十分重视并有所传承。太史公曰:"秦有天下,悉内六国礼仪,采择其善,虽不合圣制,其尊君抑臣,朝廷济济,依古以来。"②由此看出,秦始皇也希望战乱早日平息,社会早日安定下来,这也是对家国情怀的和平意愿的一种传承。

3.汉鉴秦弊,礼法并用,儒定纲常

汉鉴之以秦,礼法并用,治世用儒,尽显殷殷家国情怀。由于秦过于急迫,倚用法家,迷信暴力,横征暴敛,不恤民力,严刑峻法,滥施淫威,导致官

---

① 《商君书·君臣》。
② 《史记·礼书第一》。

逼民反,二世而亡。秦灭亡后,又经过五年楚汉之争,汉朝建立。汉承秦制,建立了大一统专制帝国,实行郡县制大封诸侯王,实际上是对分封制和郡县制的传承。汉朝统治者吸取秦朝治国教训,儒法并用,重之以德,国乃兴。汉初实行黄老之治,休养生息,善待百姓,减轻赋税,恢复国力。到了汉武帝时期,确立纲常,德法并用,全面加强中央集权统治,平息边患,实现了多民族的大一统,显现了大汉帝国勃勃生气,展现了封建统治者对家国情怀的传承。汉代对周礼的规范化、理想化、权威化不仅起到"敦教化、淳民风、范行止、稳社会"的作用,而且确立和支撑起中国封建礼制和礼学的骨架,展现了汉人"承礼和、遂民愿、齐家宅、泰社稷"的殷殷家国情怀。

(二)隋制五礼与唐开太平:传承孝治天下的家国道统

魏晋隋唐时期是中国历史上文化大融合大发展、民族大融合大发展时期,也是中华民族以开放的心态接纳世界民族文化的重要时期,更是中华民族文化初次跃升鼎兴之位、赢得天下普遍认同与臣服朝拜的时期。这一时期,开明的统治者睿智地传承了中华礼和文化精神,着眼现实,倡导并实施了"以孝治天下"的国策,国家由分裂走向统一,逐渐达至百姓和乐、君王开明、五礼隆胜、国家太平的鼎盛时期。

1.汉代家族结构调整为唐继统奠基

两汉时期社会上普遍存在"强宗大族"社会势力。在文献上,也有称之为"强宗豪右""豪族著姓""旧姓豪强""郡国豪杰"的。这些强宗大族是地主阶级的一部分,有的还是大奴隶主,属于地主阶级最腐朽的势力,往往被百姓称之为"恶霸地主"。这些强宗大族一方面残酷压榨掠夺农民,一方面还同其他地主阶层以及封建国家存在着尖锐矛盾。在他们身上血缘关系很顽固,一般聚族而居,类似于历史上宗族组织性质。这些强宗大族在当地劫掠道路、鱼肉乡邻、武断乡间、扰乱吏治、招纳亡命、为捕逃薮、危害一方、十分猖獗。《史记》《汉书》的《酷吏传》和《游侠传》都有记载。所谓"郡国往往有豪杰""郡国豪强处处各有""街闾各有豪侠"①，即是言此情况。这些强族往往聚族而居，结成死党，朋比为奸，"相与为婚姻"②，占有大量土地财产，"役使数千家"③，"宗族宾客为权利"④。这里的"宾客"为异姓依附于本姓"宗族"的流亡农民。这些强宗大族有的是六国旧贵族，有的是六国地方暴富及恶势力，有的是汉代新贵，有的是豪强化的地主阶级上层。此外，还扰乱地方治安，破坏封建统治秩序，干涉地方吏治，不服中央政权调遣，破坏朝廷的统一法令，从而严重破坏了中央集权和国家统一。西汉政权对这些强宗大族先后实施了迁徙、诛杀、分化瓦解、立法打压的政策。有的迁往关中守皇陵，如武帝时徙民 300 万以上守茂陵⑤；有的驻扎边塞或者尚未开发地区，如元朔二年（前 127 年）徙民 10 万于朔方、郑弘曾祖父于汉武帝时带着三个孩子移居山阴；⑥有的利用豪强拘捕豪强或者挑动豪强间互相仇杀，使"强宗大族家家结为仇雠"⑦，至此，奸党散落，风俗大改。此外，还通过制定限占田宅法、阿附豪强法、禁大姓族居法来限制和打击豪族。后来，在东汉、曹魏政权接续打击治理下，汉代家族结构实现了从强宗大族向汉魏世家大族的转变。从西汉后期开始，一方面农民失去土地，流亡荒野；另一方面，大片土地荒芜，无人耕种，劳动力与土地分离，形成社会危机。这种情况到东汉后期尤其严重。从东汉末年到魏晋时期，出现了地主庄园

---

① 《汉书》卷九二，《游侠传》。
② 《汉书》卷七六，《赵广汉传》。
③ 《史记》卷一二二，《宁成传》。
④ 《史记》卷五二，《灌夫传》。
⑤ 《汉书》卷六，《武帝纪》。
⑥ 《后汉书》卷三三，《郑弘传》。
⑦ 《汉书》卷七六，《赵广汉传》。

制,自然经济得到有效发展,形成了世家大族式庄园。每个依附于庄园主的佃农虽然各有其小家庭,是一个个独立的生产和消费单位,但大多数佃客被庄园主整合成一个大户籍,或"百室合户"或"千丁共籍",[①]平时是一个自然经济的生产组织,战时则为武装坞堡,佃客即为士兵,庄园主即为军官。这反映了当时社会政权与族权的结合趋势。世家大族为了维护自己优越的社会地位和政治经济特权,确立了"门阀士族制度"。通过利用政府察举、征辟选人用人之际窃取族人门阀的有利地位。

2.国家由分裂走向统一,五礼鼎盛

魏晋南北朝时期,朝代更迭频繁,政局动荡。许多政权借助了篡夺立国手段,虽名为"禅让",实际上是武力相逼。统治者对臣子们大谈"忠"就显得底气不足。为了整合人心,只能提倡"孝治天下"的理念。一方面,统治者十分重视对《孝经》的宣讲与注释。例如,(永和十二年)二月辛丑,帝讲《孝经》;(升平元年)三月,帝讲《孝经》[②]。皇帝亲自讲《孝经》,这不仅是个隆重的学术活动,而且是重要的政治活动。这一时期,晋元帝、晋孝武帝、梁武帝先后为《孝经》作注。另一方面,采取多种举措在全国推进民风尚孝。一是承汉制举荐孝廉。例如,魏文帝黄初二年,曹丕下诏,"令郡国口满十万者,岁察孝廉一人;其有秀异,无拘于户口"[③]。二是制定法律处罚不孝行为。晋武帝颁布诏书有云:"有不孝敬于父母,不长悌于族党,悖礼弃常,不率法令者,纠而罪之。"[④]其实,这些措施和法令都是对传统孝观念和法令的传承。《孝经》云:"五刑之属三千,罪莫大于不孝";《周礼》不孝

---

① 《晋书》卷一二七,《慕容德载记》。
② 《晋书》卷八,《穆帝纪》。
③ 《三国志》卷二,《魏书》二,《文帝纪》。
④ 《晋书》卷三,《武帝纪》。

为乡八刑之一；汉律不孝罪斩枭。[①]三是为孝子作传。四是对孝感进行社会化宣传、神化孝行。在社会上宣扬"诚达泉鱼，感通鸟兽"[②]的孝感故事，如，王祥"卧冰求鲤"、吴猛"恣蚊饱血"、杨香"扼虎救亲"等；有的孝子被朝廷下诏表彰，如魏人王崇孝行"守令闻之，亲自临视。州以闻奏，标其门闾"；唐人林攒因孝行被授予"阙下林家"名号；还有的孝子被号以"青阳孝子""孝友童子"[③]等。通过这样的宣传、表彰、神化，达到在社会生活中营造崇尚孝道的风尚和移风易俗的教化目的，表现了统治者在治国齐家方面的良苦用心和家国情怀。大唐以《开元礼》展现了盛唐气象。至此，中国历史上迎来了又一个多民族、多元文化和谐共处的大一统王朝盛世时代——大唐。

3.百姓和乐、君王开明、国家太平

魏晋隋唐历史是由分裂逐渐走向统一而至文化鼎盛的历史，但这个过程饱经磨难。首先，从唐代家国孝文化发展来看，唐代统治者一如既往地推崇孝道，但随着当时文化开放政策的实施也遭遇一定的文化冲击。其一，佛教与传统人伦价值的对立导致对孝道的冲击。唐代开放的文化政策致使儒、释、道三家并存局面出现。"佛逃父出家，以匹夫抗天子，以继体悖所亲"[④]致使"弃而君臣，去而父子，禁而相生养之道""子焉而不父其父，臣焉而不君其君，民焉而不事其事"[⑤]。佛教提倡的出世人生哲学与儒家君臣父子人伦价值取向形成对立，佛教文化在民间风行势必对传统孝道有所冲击。其二，北朝胡风注入中原文化也导致对孝道的冲击。由于北方少数民

---

① 张锡勤、柴文华主编：《中国伦理道德变迁史稿》(上卷)，人民出版社，2008年，第275页。
② 《魏书》卷八十六，《孝感传》。
③ 《新唐书·孝友传》。
④ 《新唐书》卷一百零七，《傅奕传》。
⑤ 《韩昌黎集·原道》。

族不重孝道,故"胡俗"的侵染势必对孝道有所冲击。隋唐皇室重要成员都有北方少数民族的血统,例如,隋文帝杨坚的皇后独孤氏是鲜卑人,唐高祖之母是鲜卑人,唐太宗之母窦氏是匈奴人,唐高宗之母长孙氏也是鲜卑人。民族融合的好处在于促进了多民族血统的融合,也促进了文化融合和道德融合。有学者称:"李唐一族之所以崛起,盖取塞外野蛮精悍之血,注入中原文化颓废之躯,旧染既出,新机重启,遂能别创空前之局。"①其三,对最高统治者道德评价的双重标准冲击了孝道。按照儒家正统观点来衡量,唐太宗骨肉相残、逼父退位交权,这本是不孝不悌之举,然而面对其文治武功,人们也不便评价。但这种道德评价的双重性势必对传统孝道产生冲击。在中国历史上,对最高统治权的角逐,总是与阴谋、篡夺、血腥杀戮相伴随。其次,从这一时期忠文化变迁和传承角度看,自魏晋开始,忠的观念就处在嬗变与整合之中,忠德变化主要有三点:其一,顺势而降,不违忠德;其二,权变而为,忠臣之节;其三,忠不必皆死。从忠的内涵变化不难发现魏晋隋唐时期整个社会价值观和民风、政风之变。

最后,从这一时期社会风气看,由于国家长期处于分裂,战乱频仍,民不聊生,政权上频繁更易,造成从上层士族到一般文人心理上极不平衡,于是浮靡玄谈之风盛行,行为狂放不羁,居丧无礼成为时尚;魏代开始的"九品中正制"助长了门阀豪族势力,致使政府官吏日益脱离穷苦百姓,邪党得肆,社会风气日益败坏。逮至隋唐,国家重新统一。科举取士,打通了社会底层升迁的通道,也给社会对立阶级打通了交流的通道,社会风气开始发生重大变化,传统礼和精神重新得以弘扬与传承。这一变化主要表现在三个方面,其一,国家道德注重德治进行社会软控制,重视儒学,以德化民,爱

---

① 陈寅恪:《李唐氏族之推测后记》。转引自龚书铎总主编:《中国社会通史》(隋唐五代卷),山西教育出版社,1996年,第517页。

民利民。其二,爱惜民力,戒奢从简,社会道德风尚良好。"贞观、永徽之间,农不劝而耕者众,法施而犯者寡……位尊不偫,家富不奢。"①其三,社会道德风气趋于开放和宽容。《贞观政要·论刑法》有云:"用法务在宽简。"整个社会逐渐进入百姓和乐、君王开明、国家太平的文化盛世时代,展现了封建君王对家国情怀价值的不断传承。

(三)宋理阐礼与明清重德:传承宗族集权的家国治道

宋至明清,专制主义中央集权统治不断加强、各项制度进一步完备。以三纲为核心的封建主义伦理道德体系也在进一步完备,而其矛盾和弊端也充分显现。专制统治的残暴性、严酷性也暴露无遗。宋代是中国封建社会承上启下的转型期。宋代理学兴起推动了礼治思想的理学阐释,礼制秩序进一步得到传承和强化。

1.唐末五代世家大族式家族组织瓦解,门阀士族制度衰亡

唐末五代时期,是中国历史上又一个大分裂、大动荡时期。"于此之时,天下大乱,中国之祸,篡弑相寻。"②短短53年间,天下五易其姓。生灵涂炭,社会矛盾激化。在这期间,传统伦常关系全面倾覆。"五代之际,君君臣臣父父子子之道乖"③,臣弑君、子弑父的事情时有发生,权力争夺致使"君不君,臣不臣,父不父,子不子"④的乱世道德景象显现。社会道德调控几近崩溃。"宗庙、朝廷,人鬼皆失其序"⑤,礼崩乐坏,传统制度文章斯文尽扫。社会成员的道德操守突破底线。朝代更迭使人们所谓的家仇国恨已经非

---

① 《新唐书》卷一百一十二,《韩瑗传》。
② 《新五代史》卷六十一,《吴世家》。
③ 《新五代史》卷十六,《唐废帝家人传》。
④ 《新五代史》卷三十四,《一行传》。
⑤ 《新五代史》卷十六,《唐废帝家人传》。

常麻木,羞耻之心丧失,而"无耻,则无所不取"①,生活于其间的芸芸众生,颠沛流离,隐忍苟活,忠节观念所剩无几。据《五代史·冯道传》记载,冯道先后"事四姓十君,益以旧德自处",冯道自谓"孝于家,忠于国",然而生活在这样乱世中的人们,自我的评价又有几多自嘲与无奈?

2.宋代聚族而居的封建家族组织隆盛,民间愚孝愚贞抬头

宋代以后,个体小家庭再次普遍化,契约租佃关系普遍化,村族聚居更加普遍化。宋代随着三纲上升为天理,越发神圣,在宋代,君权、父权、夫权进一步强化,以至于到了绝对化的地步。民间愚孝、愚贞、愚节的现象增多,纷纷在"至奇至苦"上竞赛,不少人是为了迎合"上之所好"和"众之所好"。②纲常礼教日益严酷,又引发不少士人的双重人格,道德上口是心非、言行相违,虚伪至极。为了适应新的家族家庭教育需要,宋代儒家致力于民间礼俗的规范化,成就显著。北宋司马光撰写了《书仪》,南宋朱熹的《家礼》、陆游的《放翁家训》都为家庭教化作出了贡献。

3.理学隆兴、元明清开疆拓土与国治,中央集权统治成熟

鉴于唐五代大乱局,宋朝统治者需要迅速恢复传统秩序,重树伦理纲常的权威。通过推崇、弘扬儒家学说来广兴德教乃是宋(以及辽、金、西夏)、元、明、清各代统治者治理国家、安定社会的基本国策。宋建国伊始即推崇儒学,进而定儒学于一尊。与宋并存的辽、金、西夏也尊孔和尚儒。例如,西夏历代国王"崇尚儒术,尊孔子以帝号"③。元世祖忽必烈改蒙古国号为"元",即"取《易经》'乾元'之义",《元史》称他"信用儒术"④。"理学"就是新儒学,是儒学在新的历史条件下思辨化、哲理化的哲学形态。其核心仍

---

① 《新五代史》卷五十四,《杂传》。
② 张锡勤、柴文华主编:《中国伦理道德变迁史稿》(下卷),人民出版社,2008年,第75页。
③ 《金史》卷一百三十四,《外国传》。
④ 《元史》卷四、五、六、七、十七《世祖本纪》一、二、三、四、十四。

然是儒家的伦理纲常、伦理学说。宋明理学主要有三派,以二程、朱熹为代表的理一元论的理学,以陆九渊、王守仁为代表的心一元论的心学,以张载为代表的气一元论的气学,其中程朱理学势力和影响最大。理学为儒家的伦理学说建立了本体论的基础;对"道德"作了更为明晰的解说;对道德的社会功能、道德与刑法以及其他上层建筑的关系作了更深入的探讨;理学家们还对传统道德规范体系作了说明,完善了以仁为核心的道德规范体系;他们对公私、义利、理欲关系问题作了更深入的探讨;对人性问题、道德践行方法、知行合一等问题都有深入探讨和研究。这些研究推动了社会道德建设,形成了良好的社会风气,为维护封建统治、稳定社会和人心作出了积极贡献。宋、元、明、清诸代统治者十分重视道德教化,主要措施有:一是兴建学校和书院,并鼓励广兴民间教育;二是私人讲学之风大兴,学术民主、自由讨论推进了学术创新,并善于在民间普及推广理学伦理思想;三是乡规民约在社会中落实,推进了民间道德建设;四是家范、家训、家规的普及,道德教化被落实到家族、家庭日常管理和生活之中;五是各种伦理读物大量面世,促进了社会道德教化水平、普及深度和广度;六是社会不断表彰道德楷模、树立榜样,并把这些道德事迹编入戏剧、说唱艺术,把教化推向穷乡僻壤,为底层民众所接受,全面落实并推广了道德教化。总之,在宋、元、明、清这几代,不仅社会总体稳定、道德教化得到基本传承,而且国家总体上保持了较强的国力和良好的道德状况,展现了统治者对家国情怀的基本传承。

(四)晚清新政与民主革命:传承变革传统救家国危难

家国情怀的传承转化伴随着时代变化而变化。家国情怀的传承转化并不是哪一个阶级的一厢情愿,也不是哪位君王的突发奇想,它是整个中华民族近代以来长期艰苦探索得出的历史结论,也是历史时代发展的必然结果。在别国革命实践中产生的成功理论,移植到本国未必就能行,这是由于各国历史文化环境的差别,因此,在学习借鉴别国先进理论时,还有个理论转化的环节和过程。在近代中国,面对帝国主义的侵略欺压,各个阶级都拿出了自己的救国方案,然而许多实践都失败了,这也告诫国人:救亡图存需要新的理论来指导。

1.时代呼唤家国治理理念转化:近代中国社会治理面临内忧外患

鸦片战争以后,中国封建家族制度逐渐衰落。一方面,随着帝国主义入侵,中国传统的小农经济——自然经济结构遭到破坏,国内民族资本主义得到发展。族众大批流入劳动力市场,造成家族的离散;商业资本和高利贷资本侵蚀农村,引起家族成员的迅速分化;地主兼并族田和族长盗卖族田现象盛行,家族制度已经处在衰落之中。另一方面,外国资本主义在侵入中国的同时,也传来了西方科学文化和资产阶级民主思想,农民开始觉悟,旧式农民革命(如太平天国革命、捻军起义)对宗法思想和家族制度进行了批判与冲击。辛亥革命时期,中国民族资产阶级、小资产阶级领导资产阶级民主革命运动对家族制度和宗法思想进行了猛烈的抨击和批判。"三纲五常"等封建礼教被革命者斥之为精神枷锁和牢笼,是"奴隶之教科书"。五四时期,革命民主主义者继承和发扬这些革命观点,提出了家庭革命和家族革命的口号,认为家族制度是"万恶之首",要推翻清朝的专制统治,必须从家族革命开始做起。同时号召开展"祖宗革命"。如果说在旧民主主义革命时期,人民革命斗争对家族制度的打击还是非自觉的话,那么,从五四运动前后起,革命者揭露它同专制统治之间的关系,从而把反封建家族制度斗争推进到一个十分自觉的、足以取得彻底胜利的历史阶段。封建家族制度破坏人的独立人格,养成人们娇惰习气,是"万恶之源",是"洪水猛兽"，是妨碍中国社会进步的"梗阻"。革命者以革命乐观主义的气概和对民族的家国情怀指明了家族制度必然灭亡的"运数"。在革命实践过程中，毛泽东第一次提出了政权、族权、神权、夫权是束缚农民的四条绳索的观点。新中国成立以后，家庭关系民主平等，家庭结构趋于简化，家庭生活核心偏移，不再是为了传宗接代，而是为了寻找个人的幸福与自由。改革开放前，受生产行业的限制，普通家庭的家庭成员都生活在同一个行业领域或村镇社区。改革开放后，随着经济发展，交通快捷便利化，人员流动频繁，离婚自愿化，出现了多样性家庭类型，如，主干型、核心型、单亲型、同居型、候鸟型、丁克型、周末家庭型等。新时代，在信息网络大潮冲击下，家庭更趋原子化，家庭成员各自寻找自己的发展空间领域，家庭关系民主平等，饮食、衣着更趋时尚自由。从国家而言，新中国的成立标志着人民群众由以前被压迫阶级转变为统治阶级，掌握了自己的命运，建设属于自己的国家政权。

2.家国治理理论转化的实践:近代史上中国三次新政改革失败

晚清的第一次新政，史称"洋务运动"。洋务派官员认为中国只是在武器装备和科学技术方面不如西方，主张引进、仿造西方武器装备，学习西方科技，创设近代企业，兴办洋务。当然这些改革的前提是"中学为体，西学为用"的，即"以中国之伦常名教为原本，辅以诸国富强之术"①。清政府统治者对"祖宗之法"还是相当自信的，并没有因为两次鸦片战争的失败而失去对传统文化的信心。他们认为，只是"技不如人"，可以"师夷之长技以制夷"。洋务运动历时三十多年，虽然办起了一批企业，武装了军队，却没有达到"自强、求富"的目标，甲午战争中，北洋水师全军覆没，标志着洋务运

---

① 冯桂芬:《校邠庐抗议》,中州古籍出版社,1998年,第211页。

动的失败。国人反思,失败之因在于没有效法西洋制度,要突破"器物革命",革新制度。后来清朝统治者自己也总结说:"晚近之学西法者,语言文字制造器械而已,此西艺之皮毛而非西学之本源也。……舍其本源而不学,学其皮毛而又不精,天下安得富强耶?"①

晚清的第二次新政,史称"戊戌维新运动"。戊戌新政发生在甲午战败,民族危机急剧加深、帝国主义侵分中国狂潮最盛之时,维新派主张爱国情,扬救亡志,立主变法维新扭转颓势。无论是慈禧,还是光绪帝,抑或大臣,也都对洋人侮我中华、欺我国弱充满愤恨。但此时清朝的当家人——慈禧和实权派也拿不出有效的制洋之策,这才有慈禧暂时退隐,让年轻的皇帝有了一次施展抱负之机。而且据费行简《慈禧传信录》载,早在变法之初,慈禧即对光绪帝说:"变法乃素志""苟可致富强者,儿自为之,吾不内制也。"②当时,时值日本逼签《马关条约》,1895年,康有为提出"拒和、迁都、变法"的主张。这些政治主张还是令统治阶级为之一振和刮目相看的。康有为认为,变法四者,首在变人。所谓变法者,乃变风气、变制度、变教育、变实业也;变风气在于变服饰、变婚姻、变礼仪。变风气的实质就是变文化。与此同时,维新派著书立说,设学堂、办报纸来宣传发动社会民众,唤醒民众变法意识,例如办了强学会、粤学会、保国会等组织,设立了广州万木草堂、长沙时务学堂,主办了《时务报》《国文报》《湘报》,向社会宣传变法主张。1898年1月24日,总理衙门所在的中南海西花厅清廷核心决策层与康有为展开论战。后党中坚荣禄云:"祖宗之法不可变!"康有为回驳:"祖宗之法,以治祖宗之地,今祖宗地不能守,何有于祖宗之法乎?即如此

---

① 马平安:《慈禧与晚清六十年》,新世界出版社,2017年,第151页。
② 《慈禧传信录》,转引自马平安:《慈禧与晚清六十年》,新世界出版社,2017年,第112页。

地为外交之署,亦非祖宗之法所有也。因时制宜,诚非得已!"① 1898年6月11日,光绪皇帝颁布"明定国是"谕旨,大刀阔斧地改革:在政治上,兴民权、废特权、开言路、撤机构、裁冗员、举廉政;经济上,兴实业、奖农商、建交通、开采矿;军事上,裁绿营、设新军、改洋制、习洋枪、练洋操;文化教育上,倡西学、废八股、试策论、设译局、设立京师大学堂,在各地设中小学堂。1898年9月21日,守旧势力发动政变,戊戌变法夭折。这场来去匆匆的变法运动虽然历时不长,但对社会的影响不容低估。这场运动是一场思想启蒙运动,它为国人了解西方民主自由平等观念、批判封建君权和纲常伦理顽固思想打开了一个缺口。维新派在社会风习方面提出了革除吸毒、缠足陋习,提出"剪辫易服"、倡导讲文明、重卫生的主张对近代社会风气改变产生积极影响。第二次新政改革措施过于激进,维新派行动带有明显的权力之争,在阶级属性上也有软弱性、不彻底性的一面,寄希望于没有掌握实权的年轻皇帝,对帝国主义也还抱有不切实际的幻想,最终招致失败,令人惋惜。晚清第三次新政似乎吸取了这些教训。

晚清的第三次新政,史称清末新政。清末新政是由清政府主持和领导的一场带有近代化性质的全面改革运动。在庚子之变和八国联军侵占北京被迫出逃之后,慈禧太后历经颠沛流离之苦,面对日渐衰退的国力,深刻认识到"大抵法积则敝,法敝则更,惟归于强国利民而已"②,决定再次变法自强。1901年,慈禧以光绪帝名义发布新诏书,全面变法,兴办新式学堂,废除科举,发展工商邮政铁路,创办警察,改革兵制,派出大臣出洋考察,推行官制改革,尝试地方自治,宣示预备立宪,颁布帝国宪法,希望通过此举能固邦交、保疆土、举贤才、开言路。但当权者依旧借立宪之名加强皇权

---

① 纪能文、罗思东:《康有为传》,安徽人民出版社,1998年,第114页。
② 马平安:《慈禧与晚清六十年》,新世界出版社,2017年,第150页。

(13名内阁成员中满族9人,其中皇族7人),结果激化了统治集团内部满汉矛盾、中央和地方矛盾,清王朝分崩离析。所幸的是,清政府维护和巩固封建专制统治的主观愿望没有达成,客观上为中国资本主义的发展提供了条件,加快了中国向近代化迈进的步伐,还直接促进了辛亥革命的到来。

3.家国治理变革压力日趋激烈:近代中国资产阶级民主革命探索

中国近代革命是在诸多和平变革努力失败后"不得已"的选择。1894年孙中山北上京津向李鸿章上书,主张"仿行西法,以筹自强""人能尽其才,地能尽其利,物能尽其用,货能畅其流"[①],然未有结果。他本打算"以和平之手段、渐进之方法请愿朝廷,俾行新政",然而在京津所见政府腐败比其以前了解到的压迫严重得多,这才认识到"和平方法,无可复施","积渐而知和平之手段不得不稍易以强迫",[②]只能采取革命的手段"以一个新的、开明的、进步的政府代替旧政府",才能解决中国问题。1905年孙中山成立同盟会,提出"三民主义"的政治纲领。1905年至1907年,革命派与改良派在日本以《民报》(主编章太炎)和《新民丛报》(主编梁启超)为阵地展开了论战。历史选择了革命,后来经过广州起义、惠州起义等多次失败,终于在1911年10月10日的武昌起义后推翻了清政府统治。

总之,无论是旧式农民起义、封建统治阶级自上而下的改良运动,还是资产阶级改良派和革命派在近代中国救亡图存的革命道路上都遭遇了失败,其根本原因在于没有找到适合中国社会的正确革命理论。两千年的封建统治虽然已经被推翻了,但此时的中国又陷入黑暗的北洋军阀统治时代,军阀混战,割据一方,人民饱受其害,长夜漫漫,中国近代救亡图存需要新理论,家国治道理论面临时代的革新转化。

---

① 尚明轩:《孙中山传》(上),西苑出版社,2013年,第73页。
② 《孙中山全集》(第一卷),中华书局,1981年,第52页。

第五章　新时代家国情怀的传承与转化

　　时代洪流滚滚向前,社会发展接续推进,朝代政权不断更迭。朝代变更导致国家统治制度发生变革。面对制度的变化,历史主体应跟上时代的步伐,及时实现自己家国情怀的时代转化。从中华民族家庭和国家历史发展来看,家国情怀经历了性质转化、理论转化、制度转化和文化转化这四重时代转化。所谓性质转化,指的是家国情怀的主体的阶级属性和其在国家中的地位发生了转变,由被统治阶级地位转变成统治地位,家国成员关系由传统社会的不平等关系、受压迫关系转变为平等民主的关系;所谓"理论转化",指的是指导家国社会、反映家国情怀的理论由纲常名教转变为马克思主义理论;所谓制度转化,指的是彰显家国情怀特色的家国组织与治理制度由宗法封建制度、大一统君权专制独享制度转变为人民民主专政制度和中国特色社会主义民治民享制度;所谓文化转化,指的是蕴含在家国情怀中的价值理念由理想性的中正仁和理念转变为现实性的团结统一、和谐友善、命运与共理念。

　　家国情怀的制度转化,指的是家国情怀的主体在家国制度发生转变后所表现出来的家国情怀的变化。新时代,中国人民的家国情怀也随着制度的转变而展现了主体对中国特色社会主义制度的理性认同之情。从历史看,制度的变化是主体追求自由的表现,是自由与约束矛盾运动的必然结果,自由与约束矛盾运动推动社会文明进步,于是和谐得以形成。从家庭角度看,成员的自由权利首先取决于家庭成员关系的平等,所以从封建的家长制转化为民主平等的家庭制成为主体关注的重点;从国家角度看,主体的自由权利表现在政治、经济、文化等多方面,如何实现从君主专制独享向人民民主共享转化是主体考虑的重点;从社会角度看,从效法礼治向依靠法治转化,最终在人类共同命运中实现大同社会理想。新时代制度的转变和确立彰显了主体对中国特色社会主义制度的理性认同情怀。

家国情怀的理论转化,指的是家国情怀主体所处的国家和社会治理理论的变换。家国情怀的理论转化是近代中国救亡图存、民族血脉延续发展的需要。在中国近代历史上,选择中国化马克思主义理论不仅是历史的必然选择,也是人民的自觉选择,是经历了地主阶级多次自救改革失败,农民阶级多次起义失败,资产阶级多次改良,革命失败后的理论总结,也是中华民族近代以来唯一正确的选择。马克思主义理论经过新文化运动、五四运动的宣传传播,经历新民主主义革命战火的洗礼、社会主义建设和改革开放的实践,最终迎来了中国化马克思主义理论的成熟。习近平新时代中国特色社会主义思想是中国化马克思主义理论的最新理论形态,展现了中华民族新时代理论创造、革故鼎新的家国情怀。

家国情怀的文化转化,指的是蕴含在家国情怀中以中正仁和为社会核心价值、以儒道文化为主体的中国传统文化转化为以社会主义核心价值观为社会核心价值的新时代中国特色社会主义文化。在这一历史过程中,历史主体的家国情怀也随之发生相应变化。新时代,中华民族家国情怀的文化内容面临着统合中华优秀传统文化、中国共产党领导人民创造的革命文化、社会主义先进文化的历史任务,实现这一文化传承转化任务彰显着时代主体的家国情怀。

中华民族家国情怀传承转化的主线在于从传统社会基于孝、荣于忠、尊于礼逐步奔向大同理想社会的基本方向、不断革故鼎新激发家国发展的基本动力和追求自由和谐的基本目标。在这一过程中,既有对优秀传统文化的传承,也有应时代要求所作的转化。大同社会的理想给中华民族传统社会指明了前进的方向,中华民族历史地选择了马克思主义道路并最终实现了马克思主义中国化,这是中华民族家国情怀对大同理想的现代路向传承转化;文化创新转化给中华家国情怀注入了不朽的传承动力,是中华家国情怀对传统社会革故鼎新的现代动力传承转化;平等、自由、和谐等奋斗目标则是中华民族自古以来的不懈追求,也是中华民族家国情怀的现代目标传承转化。

一、中华民族家国情怀的新时代路向传承转化

中国从选择马克思主义到最终走上社会主义道路,这是中华民族对大同理想追求的延续,反映了中华民族家国情怀在新时代的传承转化。实现中国广大无产阶级革命家国情怀的理论传承转化主要有三步:一是中国先进知识分子宣传引导广大民众接受马克思主义,二是在中国革命实践中推进了马克思主义中国化,三是共产党人接续创新实现了各个时代的马克思主义中国化。

(一)选择马克思主义突显了革命先驱的家国情怀

近代中国,西风东渐。民国政权建立后,多种文化纷纷登上中国历史舞台,既有传统封建文化,也有来自西方的众多流派:实用主义、基尔特(行会)社会主义、无政府主义、社会民主主义、工读主义、新村主义、合作主义,当然也有俄国十月革命后马克思主义在中国的传播。各种文化理论争相

上演，互相论争，最后，马克思主义逐渐在众多文化理论中脱颖而出，成为中国社会一股有相当影响的思想潮流。

1. 新文化运动批判专制、倡导民主体现了中国先进知识分子的家国情怀

新文化运动的产生是因为袁世凯复辟帝制和祭天祀孔。袁世凯执掌民国政权后，为复辟帝制，极力推崇封建纲常名教，大搞祭天祀孔，鼓吹君主复辟，诋毁民主共和。社会上孔教会、经学会、尊孔社团纷纷出现，形成了一股尊孔复辟逆流。有鉴于此，一些先进的中国知识分子认为必须发动一场反封建的思想启蒙运动，解除人们头脑中的封建思想束缚。1919年的五四运动是新旧民主主义革命的分水岭，同时也是文化性质和主题的重要界分。

新文化运动旗帜鲜明地举起了民主与科学的大旗，倡导民主思想，反对封建专制主义。在创刊号上《敬告青年》指出："欲脱蒙昧时代，羞为浅化之民也，则急起直追，当以科学与人权并重。"①当时提倡的"民主"既包括民主精神、民主思想，也包括资产阶级民主政治制度。陈独秀抨击君主专制"以君主之爱憎为善恶，以君主之教训为良知，生死予夺，唯一人之意志是从"，造成"人格丧亡，异议杜绝"。李大钊指出："民与君不两立，自由与专制不并存，是故君主生则民死，专制活则自由亡。"②号召人们同封建复辟之辈作斗争。新文化运动倡导的科学，既包括科学思想、科学精神、科学方法，也包括具体的科学技术、科学知识。它所依赖的主要理论武器是进化论观点和个性解放思想。鲁迅主张要用"科学"这味药来"医治思想"上的

---

① 《青年》，1卷1号，1915年9月15日。
② 李大钊：《民彝与政治》，载《民彝》，创刊号，1916年5月15日。

迷信、愚昧、安于现状、不思变革的病症。[1]

　　新文化运动批孔是为了刹住被不合时代的古代专制思想束缚现代社会的思想这股恶潮，其目的不在于批判孔学本身。首先，他们指出了孔学与全部国学的区别——"盖孔学与国学绝然不同，非孔学之小，实国学范围之大也"[2]。而且其所主要反对儒家的"吃人礼教"，而儒家并非传统思想的唯一代表，陈独秀、胡适、鲁迅等领袖人物也并非全盘反传统。[3]其次，他们并没有否定孔学的历史作用，也没有把孔学说得一无是处。李大钊说："孔子与其生存时代之社会，确足为其社会之中枢，确足为其时代之圣哲，其说亦确足以代表其社会其时代之道德。"[4]再次，他们批判孔学，只是认为孔学不适应当代生活，其批判的核心在于批判统治者拿孔学思想来禁锢人民思想，因此并不在于批判孔学本身，"而无如其人已为残骸枯骨，其学说之精神，已不适于今日之时代精神何也！故余之掊击孔子，非抨击孔子之本身，乃掊击孔子为历代君主所雕塑之偶像的权威也；非抨击孔子，乃掊击专制政治之灵魂也"[5]。五四以前的新文化运动也存在文化发展方向、发展步骤、依据的文化工具与方法等历史局限性。他们批判孔学是为了给中国发展资本主义扫清障碍，然而资本主义共和国方案在中国实践已然失败，资本主义道路是不合中国国情的，由此看来，其文化发展方向存在历史局限性；他们把改造国民性置于改造社会的前面，殊不知国民性是在社会环境造就的，由此看出他们的文化发展步骤也具有历史局限性；他们所依据的

---

① 鲁迅：《随感录》三十八，载《新青年》，5卷5号，1918年11月15日。

② 本书编组：《中国近现代史纲要》(2015年修订版)，高等教育出版社，2015年，第102页。

③ 王元化：《传统与反传统》，上海文艺出版社，1990年，第6~25，31~56页。

④ 李大钊：《自然的伦理观与孔子》，载于《甲寅》日刊，1917年2月4日。

⑤ 李大钊：《自然的伦理观与孔子》，载于《甲寅》日刊，1917年2月4日。

方法还是资产阶级的认识方法,他们中有的人的观点就暴露出这种片面性和绝对性,好就绝对好,坏就绝对坏,这种非此即彼的认识方法和文化工具缺乏全面性和辩证性,因而具有历史局限性。

在五四运动后,西方各种思潮涌入,遂成百家争鸣的局面。因为这些思潮不同于中国封建传统文化,在当时被称为"新思潮"。这里面既有社会主义思想,也有各种资本主义民主思想。对当时中国社会影响比较大的有马克思主义、实用主义、基尔特社会主义、工读主义、无政府主义、新村主义、合作主义、泛劳动主义等。这么多文化思想互相争论,莫衷一是,到底哪种思想适合中国?这个问题只有交给社会实践和时代去作答。毛泽东在1917年8月23日致黎锦熙的信中曾说,东方思想固不切于实际生活,"西方思想亦未必尽是,几多之部分,亦应与东方思想同时改造"①。但不管怎么说,这些思潮在中国的竞相传播,使中国思想界一度出现了百家争鸣的局面,这无疑对未来之中国胜利之走向奠定了理论基础。

2.俄国十月革命送来马克思主义理论备受国人关注

为什么中国先进知识分子这样关注马克思主义?同样是源自西方,马克思主义之所以备受关注有三个原因:一是马克思主义既有丰厚的理论,也有较长时间的革命实践,既有大量革命失败的案例,也有革命成功的案例。一项理论的好坏不仅仅在于它本身构造如何精美、体系如何完整、逻辑如何严谨,更在于它能否受实践欢迎并自觉深入实践、能否主动与实践相结合从而研究实践问题、能否为实践提出各种不同的解决方案并最终正确指导实践。马克思主义理论诞生于19世纪40年代,成立后就一直致力于革命实践,虽然它的影响主要限于欧洲,而且遭遇一个又一个实践上的

---

① 本书编写组:《中国近现代史纲要》(2015年修订版),高等教育出版社,2015年,第103页。

失败，但它并没有气馁，而是屡败屡战，不断调整，提出新的方案，而且许多失败的案例中蕴藏着走向新胜利的经验教训，例如巴黎公社、第一国际、第二国际。这一毫不放弃的实践品质是其他西方理论所不具备的，从这一点看，马克思主义的实践性已经使其较其他理论胜出了。

二是取得革命胜利的俄国与中国国情极其相似。俄国也是一个封建统治的农业国，经济文化落后，这些情况是不同于欧洲那些发达国家的，如法国、英国的，而这一情况却与中国的国情极为相似。更重要的是，马克思对于落后国家不遭受"卡夫丁峡谷"的磨难而直接进入社会主义社会的理论并没有给予否定，这也就给未来革命留下了探索的机会和空间。而俄国十月革命的成功似乎验证了这种机会的胜算可能性，它给中国革命指明了方向。也正是在这种情形下，中国先进知识分子提出了"中国人民应当走十月革命的道路"①的口号。

三是刚刚取得胜利的社会主义俄国对待中国的态度比较友好，能够平等地对待中国。1919年，苏维埃俄国对华宣言声明放弃沙俄在中国攫取的一切特权，引起国人对苏俄革命的关注，"研究俄国劳农政府的主义"，探究它"所根据的真理"。②从后来革命实践来看，苏联的确也给中国革命提供了许多理论援助，为两国步入同一战线提供了帮助。也是在这一时期，一些资产阶级民主主义者开始转变为共产主义者。李大钊就是这一群人的代表。1918年7月他发表了《法俄革命之比较观》，后来又陆续发表了《庶民的胜利》《Bolshevism的胜利》《我的马克思主义观》，成为中国第一个

---

① 中共中央党史研究室：《中国共产党的九十年（新民主主义革命时期）》，中共党史出版社、党建读物出版社，2016年，第17页。

② 本书编写组：《中国近现代史纲要》（2015年修订版），高等教育出版社，2015年，第105页。

马克思主义者。五四运动后,全国各地涌现出相当数量的以宣传马克思主义、社会主义思想为宗旨的刊物,例如《新青年》《觉悟》《湘江评论》《每周评论》《新社会》《晨报》副刊、《民国日报》副刊、《少年世界》等。到1920年,国内翻译出版的马克思、恩格斯、列宁著作已近二十种,如马克思、恩格斯的《共产党宣言》《社会主义从空想到科学的发展》《雇佣劳动与资本》以及河上肇的《马克思唯物史观》等。社会上涌现出一批宣传和传播马克思主义的先进分子。各地成立了一批宣传和研究马克思主义的团体,如上海马克思主义研究会、北京大学马克思学说研究会、湖北利群书社、长沙文化书社等。

3.多次论战初步确立了马克思主义在中国的地位

任何理论地位的奠定都要经历理论逻辑的论争考验和实践的检验。马克思主义理论之所以能在中国取得其应有的地位也经历了这一考验。在新文化运动早期,还主要滞留于中西文化的论争。陈独秀及《新青年》对中国传统文化的批判引起激烈的东西文化之争。《东方杂志》主编杜亚泉发表了《静的文明与动的文明》提出"西洋动的文明的弊端要靠中国固有的静的文明去救济,中国静的文明代表多数人之文明,高于西洋文明,无须效法西洋动的文明"[①]。而李大钊在1918年7月《言治》上发表《东西文明根本之异点》却得出相反的结论:中国文明应"竭力受西洋文明之特长,以济吾静止文明之穷"[②]。

五四运动之后,论争进入新阶段,章士钊的"调和论"受到李大钊"变动论"的挑战,李大钊论证了新文化代替旧文化的客观必然性,中国封建大家族制度的"崩颓粉碎"与君权、父权、夫权的"崩颓粉碎"都是"不可逃避的运

---

① 陈廷湘:《中国现代史》(第三版),四川大学出版社,2010年,第79页。
② 陈崧:《五四前后东西文化问题论战文选》,中国社会科学出版社,1985年,第175页。

数"①。"学衡派"提出建立"人文国际",发扬中西方各自文化传统,主张"无偏无党,不激不随"②,但反对包括文学革命在内的一切急剧的社会变革。《学衡》派的一些主张受到以文学研究会为主力的新文化阵营的抨击,但论争不久便平息了。

　　1919年7月,胡适在《每周评论》第31号发表的文章《多研究些问题,少谈些"主义"》引发了"问题与主义"之争。李大钊批驳胡适把"宣传主义"与"解决问题"绝对对立、相互割裂的观点,运用辩证唯物主义对立统一的观点阐明了"问题"与"主义"的辩证关系,进一步阐明了社会革命与社会进步之间的关系,驳斥了社会改良主义论调。1920年9月,罗素来华讲学,他在演讲中宣扬基尔特社会主义,反对阶级斗争。张东荪、梁启超等人也赞成其观点:中国实业落后,"中国若想社会主义实现,不得不提倡资本主义"③。这一观点遭到马克思主义者的激烈反驳。他们在《民国日报》副刊《觉悟》和《新青年》上发表大量文章驳斥之。主要有李达的《讨论社会主义并质梁任公》(刊于《新青年》第9卷第1号)、《社会革命的商榷》(刊于《共产党》月刊1920年12月7日),陈独秀的《社会主义批评》(刊于《新青年》第9卷第3号),李大钊的《中国的社会主义与世界的资本主义》④等文章。为了扩大这场论战的影响,1920年12月,陈独秀在《新青年》第8卷第4号上专门开辟了"关于社会主义的讨论"专栏,阐明了要解决中国问题,就必须采用"劳农主义的直接行动,达到社会革命的目的"⑤。在1919年至1921年,马克思主义者发起了与无政府主义者的论战。1920年9月,陈独秀发表

---

①　陈廷湘:《中国现代史》(第三版),四川大学出版社,2010年,第81页。

②　赵家璧:《中国文学大系·第十集学衡弁言》,上海良友图书印刷公司,1936年,第162页。

③　罗素:《社会主义》,《事实新报副刊·学灯》,1921年2月21日。

④　《李大钊文集》(第四卷),人民出版社,1999年,第85~86页。

⑤　王桧林:《中国现代史》,北京师范大学出版社,2004年,第24页。

《谈政治》一文，反对黄凌霜、区声白等人的无政府主义论调，强调用革命手段夺取政权和建立无产阶级专政的必要性。这次争论，许多曾经信仰无政府主义的人转向了马克思主义。

1923年张君劢与丁文江针对科学与人生观展开了论争（也称为"科学与玄学之争"）。梁启超、张君劢在游历了欧洲之后，看到了科学统治下的资本主义社会种种弊端和科学武装下的第一次世界大战给人类文明带来无法遏制的创伤，发出了科学破产、文明破产、世界末日等悲观哀叹，由此得出科学并非万能的结论，并说"一部人类活历史""十有九"是从"神秘中创造出来的"[①]，中国只有不忘孔子、老子、墨子的教导，"跟着三圣所走的路"，才能到达光明的未来。梁漱溟在梁启超的《欧游心影录》发表不久，作了《东西文化及其哲学》的演讲，认为欧洲文化发展路向"意欲向前"，中国文化"意欲自为调和持中"，印度文化"意欲向后"，断言西方文化已经病痛百出，全世界都要回归到"中国的路，孔家的路"上来，"未来文化就是中国文化之复兴"。胡适则在《科学与人生观》一书序言里针锋相对地指出："中国此时还不曾享着科学的赐福，更谈不上科学带来的'灾难'。……这样不发达的交通，这样不发达的实业——我们哪里配排斥科学？"[②]陈独秀则站在马克思主义立场表达了对这场争论的看法，他指出：科学派"只说明了科学的人生观自身的美满，未说明科学对于一切人生观之权威，不能证明科学万能，使玄学游魂尚有四出的余地……只有客观的物质原因可以变动社会，可以解释历史，可以支配人生观，这便是我的'唯物的历史观'"[③]。这次

---

① 梁启超：《人生观与科学》，《晨报》，1923年5月29日。

② 胡适：《科学与人生观序·中国新文学大系（史料·索引）》，上海良友图书印刷公司，1936年，第243页。

③ 陈独秀：《〈科学与人生观〉序》《答适之》，张君劢等：《科学与人生观》，山东人民出版社，1997年，第7、30页。

论争反映了五四运动后文化反思的新气象。在论战中,科学派批判了玄学派严重脱离中国当前国情的浅薄论调,维护了科学的权威;唯物史观派严厉批判了形形色色的唯心论、二元论和不可知论,大力宣传了马克思主义唯物史观,扩大了马克思主义在社会上的影响。

总之,通过新文化运动轰轰烈烈地开展,俄国十月革命后马克思主义在中国的传播以及中国先进分子关于传统文化与马克思主义理论的文化论争,马克思主义逐渐从理论上胜出,逐渐占据了中国思想界主导地位,成为引领和指导中国人民改变家国面貌的重要思想武器,也成为实现广大人民家国情怀转换的理论工具和方法手段。

(二)马克思主义激起了中国广大民众的家国情怀

近代梁启超一直是作为社会改良主义者的面貌出现在大众面前。介绍马克思主义学说也是作为改良主义的对立面来介绍的。当然,作为指导社会变革真正有用的理论是应该经受得住来自对立面理论的竞争和攻击作用的。所以,梁启超和其他一些位居时代理论前沿的知识分子时不时地扮演了这个历史角色,在理论竞争和论争过程中促进了马克思主义在中国的宣传和传播。我们不应低估这部分知识分子在家国情怀理论转化方面的作用。李大钊是在中国大地上举起十月革命社会主义革命旗帜的第一人。①

早期马克思主义者的理论宣传和论战促进了中国民众接受马克思主义。他们宣传和传播马克思主义主要有三种方式:一是出版著作、办报,通过理论文章、学术争鸣的方式在社会上传播,这种方式前面已经介绍过,就

---

① 中共中央党史研究室:《中国共产党的九十年(新民主主义革命时期)》,中共党史出版社、党建读物出版社,2016年,第16页。

不赘述了;二是深入工人居住区开展调查,办工人学校、办工会;三是成立社会组织、政治组织开展政治宣传活动和实践活动。一些学生领袖"出发'往民间去',跑到工人中去办工人学校,去办工会"①。在李大钊的推动下,1920年初,北京的一些革命知识分子深入人力车工人居住区调查他们的生活状况;邓中夏到北京长辛店开办劳动补习学校向工人们宣传马克思主义学说;上海李启汉在沪西开办工人半日学校;俞秀松"改名换服",到厚生铁厂做工,并给工人讲课;李中"以一师范学生在江南造船厂打铁"并帮助陈独秀组织上海机器工会。②开办学校的目的就是为了接近群众,目的在于组织工会组织。1920年8月,在共产党早期组织的领导下,上海成立了社会主义青年团组织,随后,北京、广州、长沙、武昌等地也成立了团组织。各地青年团组织团员学习马克思主义理论,参加市级斗争,培养党的后备力量。展现了早期共产党人和先进知识分子选择马克思列宁主义理论救国救民的家国情怀。

(三)马克思主义中国化彰显中华民族的家国情怀

1921年中国共产党成立之后,即着手分析中国的具体国情,开展工农群众运动,革命形势焕然一新。从1922年1月到1923年2月,党密集组织罢工百余次,参加人数三十万以上。在组织工人罢工的同时,深入农村组织农会组织,如浙江萧山衙前村农民大会于1921年9月27日召开,中国第一个新型农民组织宣告成立;1922年7月,澎湃在海丰县成立第一个秘密农会,1923年5月海丰、陆丰、惠阳三县许多地方建立了农会,会员达到二

---

① 邓中夏:《中国职工运动简史(1919—1926)》(1930年6月19日),《邓中夏全集》(下),人民出版社,2014年,第1354页。

② 中共中央党史研究室:《中国共产党的九十年(新民主主义革命时期)》,中共党史出版社、党建读物出版社,2016年,第34页。

十万人;此外还建立了社会主义青年团组织和妇女联合会,开办上海平民女校。1924年至1927年,中国大地爆发了一场席卷全国的革命运动——"大革命"。这场运动的宗旨就是"打倒列强,除军阀"。1926年湖南农民协会会员从四十万人增加到二百万人,能直接领导的群众达一千万人,发生了一场空前的农村大革命。①大革命失败后,中国共产党创建农村革命根据地,提出了农村包围城市的革命道路理论,展现了中国共产党人破旧立新的旺盛革命热情和殒命救国的家国情怀。

回顾中国革命和建设历程,我们不难发现,中国共产党人始终注重把马克思主义普遍真理与中国国情结合起来,接续创新发展马克思主义理论,推进了各个时代的马克思主义中国化。这些理论成果都是中国共产党人接续创新发展马克思主义理论的新成果,是各个时代的马克思主义中国化理论,是历史和人民的必然选择,展现了中国共产党人接续创造的伟大的理论转换胆略和豪迈的家国情怀。

综上所述,中国选择马克思主义、走上中国特色社会主义道路,这是中华民族大同理想、天下情怀在新时代的展现,是中国精神、家国情怀的新时代传承与转换,也是中华民族人类情怀的现实表达。中国的崛起打破了"西方文化中心论"的神话,给世界人民和那些想要通过独立自主力量发展起来的国家、民族提供了借鉴方案,展现了中国文化传承智慧和中华家国情怀的时代气派。

---

① 中共中央党史研究室:《中国共产党的九十年(新民主主义革命时期)》,中共党史出版社、党建读物出版社,2016年,第78页。

二、中华民族家国情怀的新时代动力传承转化

随着时代的发展,中国社会的文化环境发生了巨大变化,从中国传统文化转化为新民主主义文化、社会主义文化和中国特色社会主义文化。在这一历史过程中,历史主体的家国情怀也随之发生相应变化。新时代,中华民族家国情怀的文化内容面临着统合中华优秀传统文化、中国共产党领导人民创造的革命文化、社会主义先进文化的历史任务,实现这一文化传承转化任务彰显着时代主体的家国情怀。

(一)以传统文化创新转化强化民族文化自信

中华传统文化博大精深,既有跨越时代的文化精华,也存在一些因历史时代和阶级局限所形成的糟粕。因此,对待中华传统文化必须吸取其精华,剔除其糟粕。在统合中华传统文化的过程中也要注意实现传统文化的现代转化:在孝忠观念上实现由封建社会的孝忠观念转换成社会主义道德伦理观念(或者说集体主义观念);在等级观念上实现封建社会权力本位、宗法本位、血缘本位转换成现代社会的能力本位、素质本位、贡献本位;在处事方法上摒弃封建社会部分时期一些事情的极端化、绝对化处事方法,传承封建社会开明时期中庸的处事方法,实现由极端绝对做法向中庸辩证做法的转化。

1.孝忠观念转化:由"愚孝愚忠"转化为"互尊互敬"

封建社会十分重视孝、忠观念,重视三纲五常,这本是维护封建等级社会家国伦常秩序较好的做法,但在有的朝代为了加强集权统治,把这一观念极端化、神圣化,则成为束缚人们思想、阻碍文明进步的羁绊了。例如,

在宋代，纲常被视为天理良知，臣、子、妻、卑、幼的地位更加低下。汉代董仲舒从提出三纲之日起，就对三纲予以神化，但理论相比于宋代还略显粗糙。宋代理学家对三纲神圣性的论述富于哲学思辨，更加系统和精致。二程认为"人伦者，天理也"①，作为万物本原的理的基本内容就是道德准则，其所言的人伦之理的核心就是三纲五常，正所谓："君臣父子，天下之定理，无所逃于天地间"②，"男女尊卑有序，夫妇有倡随之礼，此常理也"③。朱熹则从天理的本原性、普适性中推导出三纲五常是天理的题中应有之义："宇宙之间，一理而已。天得之而为天，地得之而为地，而凡生于天地之间者，又各得之以为性。其张之为三纲，其纪之为五常，盖皆此理之流行，无所适而不在。"④如果说程朱借助天理的权威性、普适性论证三纲五常的天然合理和天经地义，是为了维护封建统治的天然合法性和不可抗拒性，有其合理性的一面；然而他们进一步把此理论推向神化，则显得极端和绝对。朱熹提出："未有君臣而已有君臣之理，未有父子而已有父子之理"⑤，人类社会的人际关系都是按照这个先验的天理、标准建立起来的，三纲五常这套道德人伦"皆是人所合做而不得不然者，非是圣人安排这事物约束人"⑥。就是说，三纲五常是"天生自然，不待安排"⑦的，是人之所以为人的内在规定性，是必然的，是天然合理的。为进一步突出天理、纲常的合法性、普适性，他还把纲常这一人类社会的最高法则说成是自然界的最高法则。说动植物也有纲常之性，虎狼知有父子、蜂蚁知有君臣、豺獭知"报本"、雎鸠知

---

① 《河南程氏遗书》卷七。
② 《河南程氏遗书》卷五。
③ 《周易程氏传》卷四。
④ 《朱文公文集》卷七十，《读大纪》。
⑤ 《朱子语类》卷二十四。
⑥ 《朱子语类》卷十八。
⑦ 《朱子语类》卷四十。

"有别"。①这套说辞在封建社会颇有蛊惑力,带有宗教神秘主义色彩,遂成为奴役人们精神的枷锁。随着纲常伦理的进一步神圣化,君权、父权、夫权更加绝对化,忠、孝、节的统摄力走向极端化,"君虽不仁、臣不可不忠"以至于"君叫臣死,臣不得不死"成为社会流行观念。自宋以来,"天下无不是底父母"②"父虽不慈,子不可不孝","父叫子亡,子不得不亡"以及"夫虽不义,妻不可不顺"也相继成为社会主导观念。在这些观念长期影响下,自宋以来,各种愚忠、愚孝、愚贞、愚节行为较前代明显增多。例如,北宋赵普任宰相时,"每臣僚上殿,先于中书供状,不敢诋斥时政,方许登对"③;明仁宗时,翰林侍讲李时勉进谏,劝皇帝"不宜屡进嫔妃,太子不可远离膝下",竟然引起"仁宗大怒,命左右以金爪拉其胁,拽出下狱"④;明宣宗时,御史陈祚劝皇帝"勤圣学",竟然引起宣帝"大怒,抄割其家",捕其子侄"同下锦衣狱"⑤。在明代,仁宗、宣宗还堪称贤者,至少不是昏暴之君,犹且如此,其他君王就可想而知了。在这种皇权威势下,愚忠成风是必然的了。官场如此也就罢了,然而普通百姓居然也愚忠效行,令人对封建社会愚忠愚孝教化、灌输不得不叹服。1449年,在与北方瓦剌的战争中,明英宗在土木堡被俘,"河州卫军家子"周敖"闻英宗北狩","大哭""不食七日而死"。⑥"军家子"纯系底层社会民众,竟然因"主辱"而自尽,说明当时社会忠君观念深入民众。在南宋与金的战争中,一些顽强抗宋、为金守节者乃是汉人,受《金史》表彰的

---

① 《朱子语类》卷四。
② 《宋元学案》卷三十九,《豫章学案》。
③ 《东轩笔录》卷十四。
④ 《寓圃杂记》卷二。
⑤ 《寓圃杂记》卷二。
⑥ 《明史》卷二百九十七,《孝义二》。

魏全①、张天纲②便是代表。朱元璋起兵反元,旗号是"驱逐胡虏,恢复中华",可是一些"忠臣不事二君"的仕元汉人拼死抵抗,为元主死节尽忠。③愚忠案例尚且如此之多,愚孝的案例更是汗牛充栋。

　　宋、元、明诸代不仅大力倡忠,同时大力倡孝。例如,父母憎恶自己,子女们也要做到"惴惴不自容,伺颜色而后进"④;父母发怒,子女则"自进杖,伏地以伤""命起乃起";即使"父性乖戾",子女也应"左右承顺"⑤。在宋代,为了倡导孝,在法律上对因报父母之仇而杀人者予以宽容。例如,宋初"殿前祗候李璘以父仇杀员僚陈友",后自首,宋太祖"义而释之";⑥明人王世名为报父仇杀人,官府也认为:"此孝子也,不可置狱"⑦;在宋代,对于"刲(kuī)股割肝"以自残方式行孝的行为也予"褒赏";⑧温迪罕斡鲁补因"刲股肉"疗母疾,被金廷"诏以为护卫";王震也以同样孝行获封赏;⑨更有甚者,个别人为行孝道,尽然随父同死。例如,明英宗"北狩"绝食而死的周敔之子周路。⑩由于朝廷的持续表彰和理学家们大力倡导,在宋、元、明时期孝的观念深入人心,孝行被社会普遍视为崇高美德,这对于推动社会文明起了积极作用。但那时的孝更强调子女对父母的绝对顺从,于是这一时期的孝越发变得畸形,原本愚孝就越加愚昧,并带有野蛮、残忍、非人性的色彩,这就大大背离了孝敬父母的本意。我们今天的社会也积极表彰和倡导民

---

①　《金史》卷一百二十一《史义一》。

②　《金史》卷一百一十九《张天纲传》。

③　《元史》卷一百九十六《忠义四》。

④　《宋史》卷四百五十六《孝义》。

⑤　《元史》卷一百九十七《孝友一》。

⑥　《宋史》卷一《太祖本纪一》。

⑦　《明史》卷二百九十七《孝义二》。

⑧　《宋史》卷四百五十六《孝义》。

⑨　《金史》卷一百二十七《孝友》。

⑩　《明史》卷二百九十七《孝义二》。

众对父母尽孝,对国家尽忠,但我们绝不提倡愚孝、愚忠,那种非人性的割股疗疾、为孝忠之名牺牲生命的行为,我们虽报以崇高敬意,但绝不刻意要求普通百姓人人去践行。在日常家庭生活和职业生活领域,我们倡导"互尊互敬"的成员关系和德性伦理,摒弃封建社会愚忠愚孝等畸形的道德行为攀比。

2.等级观念转化:由"权力本位"转化为"德能本位"

在人类社会的某个历史阶段,社会等级的存在有其合理性和必然性。合理适度的社会等级实际上是对社会成员个人素质能力、德性品位、价值追求细微差异的承认,这种差等可以激发个体竞争力,使社会充满生机和活力,有助于社会自然生态和合理秩序的形成。当然,如果社会差等太大,无论是经济上的贫富差距,还是政治权势、地位上的差距,抑或文化上获得的社会尊宠产生的差距,都会造成社会成员间的心理落差,就容易出现羡慕、嫉妒、仇恨。严重的会导致社会层级之间的冲突。中国传统社会的等级是按照权力、血统来划分的。先秦宗法制社会是严格按照宗法血统的亲疏关系来划分等级,秦以后的社会基本上是按照权力来划分社会等级,社会职业按照士农工商的序列划分等级,统治阶级用世袭爵位固化这种权力,虽然也辅以科举来打通层级之间的交流,对有能力之人也有一定封赏晋升机会,但社会主流观念仍然是权力本位的观念。什么样的等级社会才是合理的? 或者说,以什么为标准来划分社会的等级呢?

古代圣贤们对此早有研究。荀子就提出了"义分则和"的观点。荀子认为:"救患除祸,则莫若明分使群矣。强胁弱也,知惧愚也,民下违上,少陵长,不以德为政。如是,则老弱有失养之忧,而壮者有分争之祸矣。事业所恶也,功利所好也,职业无分,如是,则人有树事之患,而有争功之祸矣。男女之合,夫妇之分,婚姻聘内,送逆无礼。如是,则人有失合之忧,而有争色之祸矣。故知者为之分也。"①这里,荀子所提出的"知者为之分"说得明白一些,也就是说,富国就要建立秩序。建立进步的,发展的,有法制的,有秩序的,有礼仪的,有个人尊严的社会。要建立人人有事情可做,人人都能做出贡献,人人须尽义务,分工协作,既能满足个人欲望,每个人又是自由的,舒心的,这样的社会才是乐在其中的社会;这样的生活,既受法律制约,又能让每个人自觉自愿地服从。如此才能使人民富裕,国家强盛。为此,荀子提出了三个分工原则:其一,按德能划分,即贵贱有等,上下有别,君子与小人,官吏与百姓皆按职责功能划分;其二,按生存需要和职业角色划分,即"农农、士士、工工、商商"②;其三,按人伦权利义务划分,即按君臣、父子、兄弟、夫妇、朋友等伦理角色的权利义务来划分。显然,荀子的划分贯彻了儒家"贵贱有等、长幼有序、贫富轻重皆有所称"的价值理念。荀子认为"分"的合理性在于合"义","义"的关键在于"上爱下"与"下亲上",君臣上下、贵贱长幼都遵从自己的职责和义务,并且,"分义行乎下",则天子就可以无为而治了。当然,我们今天的社会,除了传承了"德能本位"这一等级划分标准外,还引入了"贡献本位"的标准。因为每个人的能力大小与天分有关,仅仅依据天分来划分也会带来新的不合理,也会使社会差距拉大。因此,增加一个劳动贡献的标准,则可以合理地缩小这种差距。因为劳动贡献,纯属后天努力就可以人人获得的。今天的社会,崇尚能力、德行、贡献,就比传统社会一味按照血统划分权力,再按权力区分社会等级的标准来说就合理多了,它给每个人以公平的机会,而且讲求后天的努力和贡献,显得更为公平和正义,从而实现了文化上向公平正义的转化。

---

① 《荀子·富国》。

② 《荀子·王制》。

3.处事方法转化：由"极端绝对之法"转化为"中庸辩证之法"

《礼记·中庸》有云："中也者，天下之大本也；和也者，天下之达道也。"①这里实际上谈到了处事方法问题。前面谈到，一些朝代把忠、孝推到极端，绝对化、神秘化的做法，导致社会上出现了愚忠愚孝愚节等现象，这一问题的出现实际上是处事方法出了问题。中华传统文化自古以来就十分讲究"中庸"的处世态度和方法。中庸的处世之道实际上就是不要走极端、不绝对化，做事情、处理问题都要全面辩证地去看待、去处理。这种方法在礼的原则里就是一种适度原则。《礼记·礼器》有云："礼也者，合于天时，设于地财，顺于鬼神，合于人心，理万物者也。"②由此，看出礼所遵循的适度原则主要表现在两个方面：一是相称，二是中庸。礼的相称，表现在与时相称、与事相称、与人相称，即礼要因时制宜、因地制宜、因人制宜。也就是"礼，时为大，顺次之，体次之，宜次之，称次之"③。中庸，也就是"允执其中"④，就是"中正之道""无过不及之名"⑤，就是"执其两端，用其中于民"⑥。中庸的思维方式有四种：其一对立统一式思维。如《尚书·皋陶谟》所云："宽而栗，柔而立，愿而恭"⑦；其二剔除极端式思维。如《左传·襄公二十九年》所云："直而不倨，曲而不屈"；其三，否定两极式思维。如《尚书·洪范》所云："无偏无颇""无偏无党""无反无侧"⑧；其四交叉两性式思维。如《礼记·杂记》有云：

---

① 《礼记·中庸》。
② 《礼记·礼器》。
③ 《礼记·礼器》。
④ 《论语·尧曰》。
⑤ 《论语集释》。
⑥ 《中庸》。
⑦ 《尚书·皋陶谟》。
⑧ 《尚书·洪范》。

"一张一弛。"①由此看出,中华传统文化是十分讲究中庸、中道之法的,历朝历代的封建统治者(除了个别少数朝代外)实际上也十分清楚这种方法和处事态度,只是封建统治阶级一味站在统治阶级的立场,就很难保持这种清醒头脑。往往在开朝的那几代帝王君主还能时时小心谨慎,行为有所克制和收敛,努力保持中庸之道,待到盛世就开始忘乎所以,极端思想就露出端倪,等到朝代末期,已经欲罢不能。今天我们提出文化处事方法转换,就是告诫我们的子子孙孙,在治国理政过程中,一定要吸取封建社会极端绝对的做法教训,积极保持中道的态度,坚持中庸辩证的处事方法。这便是为何要从传统偏激、极端、绝对的处事法转化成中庸辩证的处事方法和态度的道理和原因。

(二)以革命文化创新转化激发民族文化动力

中华传统社会从来就不缺革命意识和革命文化,一部中华文化史就是一部中华民族追求自由和解放的革命史。中华传统文化革故鼎新精神、反抗阶级剥削、阶级压迫的斗争精神、民族团结的精神构成了传统革命文化的主线。在《新时代公民道德建设实施纲要》中明确提出:"要深化改革开放史、新中国历史、中国共产党历史、中华民族近代史、中华文明史教育,弘扬中国人民伟大创造精神、伟大奋斗精神、伟大团结精神、伟大梦想精神,倡导一切有利于团结统一、爱好和平、勤劳勇敢、自强不息的思想观念,构筑中华民族共有精神家园。"②要继承革命文化,就要厘清革命文化的三大组成要素的转化,这就是团结合作的转化、斗争方向的转化、革命目标的转化。

---

① 《礼记·杂记》。
② 《新时代公民道德建设实施纲要》,人民出版社,2019年,第8~9页。

1.团结合作转化:由"宗族联姻"转化为"统一战线"

团结合作转化,就是要从传统社会"族团联姻"和"宗教会社"方式的团结合作转化为现代的"统一战线"方式。要革命,就必须团结革命力量。传统社会往往采用"族团联姻"和"宗教会社"的方式来团结民众。"族团联姻"就是通过家族之间的联姻形成利益集团,从而达到在经济上、政治上的团结。这种方式往往带有封建宗法血统的色彩。"宗教会社"方式,往往借助宗教信仰、秘密集会、帮会组织、社团组织达成团结民众聚而起义的目的。例如明清时期的白莲教、红花会、天地会、天理会、义和团都属于这类。这类组织往往带有一些神秘主义色彩。在历史上,这两类民众团结方式确实起到至关重要的作用,到了近代,这两种方式还带有时代局限性和阶级局限性,方法上也还显得不够科学,不够彻底,没法与新民主主义革命时期的统一战线的团结民众方式相比。统一战线始创于恩格斯和列宁,后来成为我党的法宝。我们党依靠"统一战线"团结全国各阶层民众,共同对付各个时期的敌人,取得了革命的伟大胜利。在社会主义建设时期,我们依然要依靠统一战线团结全球共同力量,实现中华民族伟大复兴的中国梦。因此,当代中国需要继承革命文化中的优良革命传统,实现团结合作力量的转化,从传统社会宗族联姻和宗教会社方式转向统一战线。

2.斗争方向转化:由"反抗压迫"转化为"艰苦奋斗"

斗争方向转化,就是说在革命斗争方向上,要实现从阶级斗争这一社会方向转向人与自然的关系方向,努力在人类生产、生活状况方面艰苦奋斗,着力解决科技难题,大力发展生产力,营造良好的人类人居环境。当前,我们已经基本完成阶级斗争任务,建立了自己的民主专政新中国,虽然在意识形态领域、国家安全领域还存在阶级斗争的任务,但国家的主体力量和主要精力已经转向经济建设,更需要在人与自然关系方面作艰苦奋斗。在革命的斗争方向上,要实现从传统的反抗压迫、反抗剥削的阶级斗争方向转向提高社会主义生产力、提高社会主义综合国力、建设更加美好的生活而艰苦奋斗的方向。

3.革命目标转化:由"改朝换代"转化为"改革创新"

革命目标的转化,是指在革命斗争精神上,要实现传统社会以革故鼎新、权力交接、改朝换代为主要目的的革命转向实现社会全面进步、国家更加强盛、文明更加发展、法制更加健全、社会更加和谐、人民生活更加幸福为主要目的的革新。从1978年到现在,改革开放已经四十多年,这四十多年,中国共产党和全中国人民坚持不懈地思想解放、艰苦奋斗,取得了一个又一个胜利。新时代,我们要实现革命目标的转化,由传统社会的革故鼎新转向新时代的改革创新。

(三)以先进文化创新转化彰显民族文化自强

家国情怀的文化转换更重要的是在统合优秀传统文化、党领导的革命文化和社会主义先进文化过程中发展好新时代中国特色社会主义文化。这是现时代中华民族文化自信的关键。发展社会主义先进文化关键是要实现生产理念的转化、道德伦理的转化和追求目标的转化。在生产理念上要实现由传统社会小农经济的理念转化成现代经济理念;在道德伦理方面由传统社会的三纲五常、君王至上的理念转向社会主义的集体主义、人民至上的理念;在追求目标上由内圣外王的目标追求转向中华民族伟大复兴。

1.生产理念转化:由"小农经济理念"转化为"现代经济理念"

生产理念的转化属于物质文化理念的转化,要实现传统社会小农经济的生产理念转向以工业化、自动化、知识化、信息化为特征的现代经济的生产理念。中国现代化经济体系,要求我们在优化经济结构转变发展方式转换增长动力等方面转型升级。我们一方面要坚持独立自主,关键核心领域的经济管理和发展技术不能依靠别人;另一方面,要扩大开放,在全球的创新合作、投融资合作网络、综合服务合作、产能合作等方面积极作为,努力实现更全面的开放格局。同时,进一步完善我们现有的市场经济体制,努力提高经济效益,保持合适的经济增速,以科技驱动代替要素驱动,转变经济增长方式。在国内经济发展方面,注意平衡区域发展和城乡发展,进一步完善现代化产业体系、空间布局结构和协调程度,打造生态容量适度、要素密集程度较大、国土资源利用效率较高、区域发展差距较小、城市群落连绵的生产力布局结构。因此,要实现现代经济的迅猛发展,必须实现由小农经济向现代经济新常态的转化。

2.道德伦理转化:由"三纲五常"转化为"集体主义"

道德伦理的转化主要是实现由传统社会的三纲五常君王至上的理念转向社会主义的人民至上、集体主义的理念。这种道德伦理的转换既是社会性质决定的,也是时代发展的大势所趋。从社会性质看,中国传统阶级社会是个封建统治阶级剥削统治人民的社会,人民没有自主的权力和自由。三纲五常是为封建统治者服务的,主要维护的是君权和男权,广大人民和女性则饱受约束和欺压。在社会主义社会,人民成为国家的主人,人与人平等,必须奉行人民至上、集体主义的理念。从时代发展来看,社会主义社会代替一切剥削阶级是历史的大势所趋,人与人之间权利的平等代替不平等也是人类社会文明发展的必然趋势。这种权利的平等最基本的就是生存权和发展权。在三纲五常的社会,它所保证的是统治者的优先权;在社会主义社会,由于人民平等地成为国家的主人,破除了封建社会那种不平等的封建等级制,人民平等的生存权和发展权才能得到真正彻底的维护。由于真正实现了人与人的平等,每个人都拥有与其他人同等的基本权利,每个人行使自己的权利时,都不得妨碍他人正当权利的行使,每个人合理的正当权益汇集成了集体利益,抽象为人民利益,在此基础上形成了集体主义的观念。在当代中国,人民是最大的集体,集体主义旨在维护全体人民的利益。这里人民的利益实际上是人民合理正当利益的集合,任何个体的利益不能妨碍他人的正当利益,更不能损害集体利益。在我国社会主义社会,一方面,个人合理利益应当受到集体主义的保护,因此集体主义是每个个体合理利益的最有力的保护者;另一方面,个人的利益必须服从人民集体的利益。

3.追求目标转化:由"内圣外王"转化为"民族复兴"

社会主义先进文化的目标转换指的是在追求目标上由内圣外王的目标追求转向中华民族伟大复兴。所谓内圣外王,指内具圣人之才德,对外施行王者之政造福百姓,此即"内圣外王之道"。照《天下篇》看,"内圣外王"是天下之治道术者所追求的,内圣是主体的人格理想,外王是主体的政治理想。内圣外王与当代民族复兴的中国梦有相似的追求过程,都伴随着国强民富、社会和谐现象的发生,但两者还是有着根本差别的。内圣外王是站在封建帝王统治者的角度,为了维护其统治所提出来的,其根本目的还是为了封建统治的长治久安,国强民富、社会和谐只是必要的手段;而当代民族复兴的中国梦,则是站在人民的立场,国强民富与社会和谐是根本目的。另外,内圣外王是一个封建王权的价值理念,它崇尚的是王者的荣耀和事功;民族复兴是一个民权价值理念,它崇尚的是人民和民族总体的荣耀和事功。这也反映了两者历史观的差别,内圣外王是一种英雄史观,认为历史是由王者创造的,属于历史唯心主义范畴;民族复兴是一种人民史观,认为历史是人民创造的,属于历史唯物主义范畴。由此看出,社会性质的转变必将决定追求目标的转化。所以说,新时代,家国情怀的文化转化在追求目标上要实现由传统社会的内圣外王转向民族复兴。

三、中华民族家国情怀的新时代目标传承转化

从历史看,制度的转化是主体追求自由的表现,是自由与约束矛盾运动的必然结果,自由与约束矛盾运动推动社会文明进步和提升,于是和谐产生了。在家庭,成员的自由权利首先取决于家庭成员关系的平等,所以从封建的家长制转变为民主平等的家庭制成为主体关注的重点;在国家,主体的自由权利表现在政治、经济、文化等多方面,如何实现从君主专制独享向人民民主共享转换是主体考虑的重点;在社会,从效法礼治向依靠法治转变,最终在人类共同命运中实现大同社会理想。时代制度的转化彰显了主体对中国特色社会主义制度的理性认同。

(一)从"尊卑等级"到"互尊互爱、人格平等"

家国情怀的制度转化原因在于封建社会固化的尊卑等级制度固化了人的自由和尊严,养成了人的奴性,也把剥削、奴役变成了自然。少数统治阶级自由了,广大被统治阶级却自由受限,长期受限的自由势必转变成制度转化的动力。

1.伦理制度从"尊尊亲亲"向"互尊互爱"转变

封建社会等级制度理论源自先秦儒家的名分思想。虽然西周时期已经形成了宗法等级制度,但这种等级是按照血缘关系的亲疏而形成的等级,与封建等级是有区别的。封建等级是按名分、名位来划分等级的。孔

子曰:"名不正,则言不顺;言不顺,则事不成。"①因此,儒家十分重视名分、重视正名。梁启超对正名有一段精辟的论述:"实者,事物之自性相也。名者,人之所命也。每一事物抽出其属性而命以一名,睹其名而'实'之全属性具摄焉。……由是循名以责实,则有同异离合是非顺逆贵贱可言。……名与实相应谓之同谓之合,不相应谓之异谓之离……同焉合焉者谓之是谓之顺,异焉离焉者谓之非谓之逆……是焉顺焉者则可贵,非焉逆焉者则可贱。持此以裁量天下事理,则犹引绳以审曲直也。此正名之指也。"②由此看出,正名的目的就是为了敦促世人名实相符,以辨别是非曲直、顺逆贵贱,从而维护封建社会等级秩序,捍卫封建等级统治。名最初指事物的名称或概念,分指所分之物、份额,引申为范围、界限、区隔。名分是春秋战国时期社会政治伦理思想高度发展的结果。政治伦理中的名,代表一个人在社会关系中所处的位置、所拥有的身份,相当于今天的社会角色或者社会职位,如家庭领域的父、子、夫、妇、兄、弟,国家领域的君、臣、侯、公、卿,职业领域的士、农、工、商;分是指某一社会地位、某种身份所拥有的权利和所应尽的义务,与今天角色规范和伦理要求相当,在角色规范上,如君臣之分、夫妇之分、行业之分等,在伦理要求上,如君惠、臣忠、父慈、子孝、夫义、妻贞、兄友、弟恭等。从逻辑起源上看,名分是中国古代先哲通过摹拟自然秩序而形成的建构社会秩序的基本概念。由于是对自然界物种差异关系的摹拟,因而具有天然的不可违抗性和权威性。于是君臣、父子、夫妇、兄弟这些社会角色也就具有了天道效力的伦常名分。名分思想通过三个步骤完成了制度等级伦理的理论架构。名分在中国古代社会的基本含义是社会角色和角色规范,在整体上则显现了传统社会的秩序架构和制度内

---

① 《论语·子路》。

② 梁启超:《先秦政治思想史》,天津古籍出版社,2004年,第94页。

容。通过礼法规定、正名宣解、司法处置来获得社会成员的角色认同,从而达到秩序设计、等级序分、统治维护的目的。第一步,名的天道论证。旨在说明不同社会角色存在的天理根源及天然合理性。任何社会都需要信仰体系和价值体系来构建所在的社会秩序和规范。社会成员在信仰和价值基础上,找到自己的角色定位,实现对自己行为趋向的合法性确认,为自己未来言行找到参考标准。孔子曰:"唯器与名,不可以假人。君之所司也,名以出信,信以守器,器以藏礼,礼以行义,义以生利,利以平民,政之大节也。"[1]这里,名就是名位、官职、爵位等社会角色的名称;器就是与此角色身份相应的器物,延伸为权利和义务。名与器的协调和对应,象征着社会的有序化,也是宇宙天道秩序在人间的反映。为了使正名思想成为可操作的社会规范,孔子引仁入礼,把仁适用于各人的名分称之为义,所谓义就是合宜的意思。这样一来,仁礼都与天道有了联系,这又正合于当时人们"死生有命,富贵在天"的信仰。因此,行仁义、范仁礼也就具有了天理,具备了天道的权威性,名分所确立的封建等级制度遂具天理的合理性和天道的权威性。第二步,分的礼范制定。即角色规范内容的制定,旨在解决不同角色该做什么、不该做什么才能在整体上形成和谐的社会秩序的问题。如果"圣王没,名守慢,奇辞起,名实乱,是非之形不明",那么"虽守法之吏,诵数之儒,亦皆乱也"[2]。在荀子看来,社会混乱在于"奇辞起,名实乱",新旧之名杂乱无章,扰乱了朝纲礼仪,必须明确规定分,明确权利义务内容,对不能履行其角色规范时处以法,社会秩序才能恢复正常。名已经具备价值观念,分则是按此价值观念来具体施行,以礼教人们该做什么,以法告诫人们

---

① 《左传·成公二年》。
② 《荀子·正名》。

禁止做什么,通过"兼足天下之道在明分"①来教人"安分守纪",维护封建等级统治。第三步,名分的认同与习得。即个体角色认同与遵循,旨在约束个体角色规范,并逐渐使其认同、接纳。儒家通过名分教化(后世称"名教")规范社会成员的行为,从而渐次达到"修己以敬""修己安人""修己以安百姓"②"为政以德"③的目的。由此可见,"名分"思想就在于它贯通了自然—社会—个体,以天道统摄人伦,造就了封建等级制度伦理,实现了制度等级伦理的理论架构,成就了两千多年的封建等级制度统治。

这种上合于天、下应于民的封建等级制度,在家庭社会构筑起封建家长制,在国家构筑起君王专制,在天下构筑起朝贡贸易体制。本来,如果按天道"以礼节行"的话,应该是"定位致和"与"万物各有其所"的。然而统治阶级出于自己政治利益的需要,不断对其修改和扭曲,并通过其政治权力的肆意干预,在"天不变,道亦不变"和"大一统"的幌子下,使其成为独尊天下、排斥异说的思想桎梏,学术与政治上的垄断逐渐成了阻碍社会进步发展的"绊脚石"。特别是宋儒提出的"存天理,灭人欲",将由"名分"所决定的一系列维护封建等级制度的伦理规范都视为"天理",从而把国人仅存的一点点个性自由和创造精神扼杀殆尽。对人的合理需求与利益的剥夺则使中国社会几乎完全失去了发展的生机与活力。到了明代,更发展为愚忠愚孝,将名分推向极端,成为"君叫臣死,臣不敢不死;父让子亡,子不敢不亡"的极端。在人民的所有活路都被封死、灭绝的条件下,人民开始了最后的挣扎与反抗,于是,从"尊尊亲亲"的封建等级制度开始向"互尊互爱"崇尚人格平等的制度转化。

---

① 《荀子·富国》。
② 《论语·宪问》。
③ 《论语·为政》。

2.姻亲制度由"家长专制"向"成员平等"转变

家庭伦理制度的转化首先表现在家庭姻亲文化制度的变革。家庭姻亲文化制度的现代转化也造成家庭社会一系列的变迁:家庭规模日益缩小,家庭类型日益简单,家庭关系日益松弛,家庭宗教祭祀日益褪色。这些变迁突出地表现在三个变化趋向:其一,从专制转向民主。传统的大家庭表现出强烈的家长专制特色:管理体制上实行家长负责制,生活上数世同居共炊,经济上共耕族田而积财,家里大事小情都由家长决定;婚姻关系上夫唱妇随、夫尊妇和;亲子关系上子女唯父母马首是瞻,即使自己的婚姻大事也由父母决定,子女是没有丝毫决定权的。家规族训是不容轻易变更,累世遵行。近现代以来,西风东渐,平等思想和民主理念逐渐打破封建等级制度建立的牢笼,三纲五常、名教伦理、封建专制的罪恶遭到人民的声讨和批判,"于是以专制为特色的家长权,便不能立足了"①。子女自由婚嫁、自立小家单过,家庭规模日益缩小,家庭类型日趋多样,家庭结构日趋简单,家庭文化由专制转向民主。其二,从等级转向平等。传统大家庭中尊卑等级十分明显,家长、族长就是王法,父子之间、夫妇之间、婆媳之间、兄弟之间都按照族权、父权、夫权等级序分,名分权位决定一切,尊卑等级有序,丝毫不能僭越。近现代以来,随着两性平等思想的传播,封建等级家族制度的崩塌,妇女开始走出家庭,开始"放足",开始参加社会工作,经济上开始独立,身心都得到彻底解放,在婚姻家庭的组建方面也具有与男子平等的地位,家庭其他成员的关系也崇尚平等、互尊互爱。其三,从迷信转向科学。封建家族制度重视祖先崇拜,祈望父祖赐福于子孙,这本是一种良好的愿望,然而在几千年的封建等级社会发展中扭曲演变为奴役人们精神

---

① 晏始:《家族制度崩坏的趋势》,《妇女杂志》,第9卷第9号,1923年9月。

的枷锁,崇尚神秘,抵制科学,成为阻碍社会进步的束缚。近代以来,人们逐渐掌握了科学的方法,那些靠着迷信建立起来的封建家长权威瞬间崩塌,"迷信,遇着现代人科学的头脑,完全失却了权威,而家长制的精神,便因此消灭"[①]。

3.家教制度由"父教子从"向"人的解放"转变

家庭伦理制度的转化还表现在家教制度的转化上。近现代,自现代化理论引入中国以来,人的解放、人的发展成为社会关注的重要问题。人的发展和解放靠教育。传统家族社会的教育还因循私塾家教,读经诵史,当然这些对于启发人的思维、认识社会也是有益处的,但是仅仅局限于此,甚至固守伦常名教,就容易使思维僵化,被奴化为封建统治的捍卫者,人的自由和创造力就会受到束缚,人的现代化就被限制住了。"如果社会人文环境得不到应有的发展,如果人民生活总体素质存在着严重缺陷甚至继续恶化,则很难说已经全面实现了现代化。"[②]人的现代化目标是个人权利的最大保障、个人价值的最大实现、个人素养的最大提升、个人精神的最大解放。由此可以看出,中国近现代家族制度变迁史同时也是家教制度变迁史和人的现代化史,其标志就是人的解放。人的解放体现在五个方面:一是政治上从封建专制集权体制转换为民主体制,使人摆脱了王权的控制;二是思想上从封建迷信和祭祀制度转换为现代科学教育制度,使人从神权中解放出来;三是家庭教养从封建家族等级制度转换为现代婚姻家庭制度,使人摆脱了族权的束缚;四是经济上从土地私有制转变为国土资源公有制,将土地对人身自由的束缚降到最低;五是两性关系上摆脱封建三从四

---

① 晏始:《家族制度崩坏的趋势》,《妇女杂志》,第9卷第9号,1923年9月。
② 章开沅、罗福惠:《比较中的审视:中国早期现代化研究》,浙江人民出版社,1993年,第4~5页。

德的妇女制度转换为男女平等制度,实现了性别平等,解放了女性。总之,
不论是伦理制度从尊尊亲亲转向互尊互爱,还是婚姻制度从夫尊妇和转向
夫妻平等,抑或家教制度从父教子从转向人的解放,都向人们昭示着制度
转化的首要真理在于讲究平等,在于从尊卑等级转向互尊互爱人格平等。

(二)从"君主专制独裁"到"人民民主专政"

家国情怀制度转化的核心在于主体对自由的追求。当然,在阶级社会
由于受统治阶级制度的限制,家国情怀主要表现的是统治阶级在政权统
治、国家社会治理中所表现的自由,被统治阶级的自由往往被统治阶级的
自由所遮蔽。但历史小说、戏剧、民间故事也传扬着广大被统治阶级对自
由的追求与渴望。虽然历史是由人民所创造的,但是由于历史是由统治阶
级撰写的,所以在人民夺取国家政权之前的阶级社会,自由被制度化为君
主专制独享,至多在君主的赏赐下,贵族权贵阶层分享一部分权利和自由,
广大人民的有限自由则被牢牢地限制在专制制度之中。当这种仅有的权
利和自由让人民无法忍受的时候,起义和革命就要爆发,社会制度就面临
变革,人民的自由得以改善,伴随着人民自由的改善,社会文明不断推进和
提升,最终将迎来人民当家作主、实现广大人民共享自由的时代。

1.政道由"君权至上"向"主权在民"转变

中国的封建社会常常鼓吹王道政治,号称"主权在天",讲求政治权力
的运行遵循宇宙运行的规律,参通"天地人三才之道",其实质乃是君权至
上。王道政治充其量只是在君权至上基础上的理想而已。王道政治要求
政治权力的运行必须以保障人类社会和谐有序与永续发展为最高目标,必
须接续和弘扬尧舜时期奠定的文明传统,必须敬仰和秉承天地生化养育万
物的精神,与天地合其德,必须保障人类生产生活与自然环境的生态和谐,

必须保障子子孙孙绵延存续无有穷期,必须满足人类社会的各种基本需要,得到人心民意的普遍认同。作为政治理想,当然有其合理的一面,但从实际表现来看,汉唐宋明清的政教合一、君相共治、三省分立、科举考试、礼乐教化等,部分地、有限地实现了王道政治的理想。而只有实现了人民民主专政,才真正有可能还权于民,实现主权在民的政治制度。自从中国共产党领导人民建立了自己的国家,人民民主才真正变为现实。我国的人民代表大会制就是一种典型的全体人民共享权利的民主制度。

2.治道由"德政礼治"向"民主法治"转变

综观中国社会治理制度,总体上遵循了德政礼治的模式。在西周德礼统一的社会中,礼乐制度以宗法伦理规范人心,曾出现过无讼的成康道德盛世;在周王室衰微的春秋战国时代,德礼分离,竞相争霸,诸侯以富国强兵为治国导向,道德伦理和仁礼信仰跌落;秦用法家,勃兴而速亡;刘汉王朝,反思秦政,初以孝治天下,道之黄老哲学,后纳董仲舒建议,罢黜百家,独尊儒术,建立起大一统封建集权等级制度,以三纲五常作为规范家庭、国家和社会的制度核心伦理,通过民间自治和养士教化,建立德礼合一、德位一体的道德政治体系,奠定了封建社会传统伦理道德体系和士治政府治理模式的理论基础。汉代开创的封建社会治理模式后续各朝虽有细部变化,但大体沿用直至清朝政权解体。近代,西方民主宪政传至我国,经过资产阶级民主人士、开明地主阶级的初步尝试,虽经失败,但民主思想、宪政思想、法治观念开始被国人所认识。直到新中国成立,以及经历七十余年探索,逐渐走上了一条民主法治的治国道路。总之,从传统社会的德政礼治制度转化为民主法治制度,展现了文明的进步,也表明主体的自由获得了更大的空间。

3.仕道由"顺服威权"向"平等自由"转变

综观中国人才培养与取士之道,也经历了巨大的制度转化过程。封建社会的取士之道在于贤能,而贤能的标准之首就是对上级的顺服与忠诚,其实质仍旧是对君权的臣服。在封建社会,为官之人只有有限的对上臣服、对下用权的等级自由。现代的人才培养制度和用人制度更倾向于培养人们的平等自由。从表面形式看,封建社会科举制度也采用了公平竞争、择优录取的方式,但是封建社会选择人才的标准要合于封建的等级制度,在这种标准下选出来的结果必然带有天然的等级性。而现代社会的衡量标准消除了人与人的等级差异,实现了人与人之间的平等。因此,基于平等身份地位的这种平等自由必然要超越封建社会有限的等级自由,在自由的内容、主体间的关系地位、行使自由的方式等方面都有天壤之别。仕道制度的时代转化,给主体提供了更多权力和自由,标志着时代的文明进步。

总之,制度转化的核心在于追求自由,从传统社会君主专制独享制度向人民民主共享制度的转化体现了文明的进步,也彰显了主体获得了更大的自由。

(三)从"法礼治、谋大同"到"兴法治、共命运"

家国情怀的制度转化的最终目标在于实现社会的和谐。不论传统社会法礼治、谋大同的努力,还是现代社会兴法治,倡导人类命运共同体建设的实践,都是着眼于构筑一个理想的和谐社会。

1.在价值目标上由"道德仁义"向"国泰民安"转变

传统社会制度的核心价值就在于道德仁义。儒学推崇"五常"(仁义礼智信),"四端"(恻隐之心、是非之心、辞让之心、羞恶之心),"三达德"(仁智勇),"恕道"(己所不欲勿施于人),"絜矩之道"(更换视角考虑对方感受)以及正心诚意、修己安人、仁民爱物等,讲的都是人类社会最普遍、最基本的道德。而这些道德都是传统社会制度伦理所要传达的德性价值追求。儒学最高的理想就是天地宇宙太和与人类社会的大同。太和就是最大的和谐,大同不是一模一样、完全相同,而是在承认事物差别的基础上达到和谐,是多元统一之意。这与我们今天提倡的社会主义核心价值观有异曲同工之妙,显然,社会主义核心价值观传承了中国传统文化中的优秀成分,展现了时代新貌。在当今时代,从国家层面看,富强、民主、文明、和谐是最重要的任务,国泰民安也是我们持久的追求的目标,其中国家的富强和民主建设又是重中之重。

2.在组织机构上,由"宗族行会"向"社区单位"转变

在中国传统社会,随着政治经济制度趋于完善,社会组织的发展也趋于成熟,主要表现在三个方面:一是基层社会自治组织的制度形态逐渐趋于成熟,二是社会精英自治组织的制度形态逐渐趋于成熟,三是社会中间组织的制度形态逐渐趋于成熟。中国社会基层自治组织就是宗族组织。宗族组织的凝聚力是基于世系的清晰、祖先的名望、祖先祭祀的组织、聚族而居的形态、族人生活的维持、族众安全保障等要素。宋代以前,士族凭借出仕权享有优厚的俸禄,有免役权,庄园制也提供了物质基础和聚族而居的条件。经安史之乱后,门阀士族趋于衰亡。宋朝建立后,宗族组织得以复兴发展。宗族逐渐形成了从宗族到房头、从族长到房长的治理体系。宗族管理制度与管理方法也日趋完善,主要包括族谱、祠堂、族产、族学、族规、经营等方面。精英性质的民间组织也与时俱进,最典型的就是儒士组建的民间书院。私学源头可追溯到孔子,汉代、唐代都有不少民间书院,而最盛时期则在北宋,兴起了一批著名民间书院,如岳麓书院、应天府书院、白鹿洞书院、石鼓书院、嵩阳书院、茅山书院等。政府通过赐书、赐额、赐田、召见山长等方式给予扶持。到明清时期,书院发展更为繁荣,数量超过前代,分布遍及全国,影响直达东亚、南亚,成为中国社会史和文化史上一大景观。社会中间组织有五大类:一是政治性组织,"朋党""院外活动集团";二是经济类组织,如"义约""合会"、行会商会等;三是慈善性组织,如义庄、善堂;四是文化性组织,如诗社、文会、书会、剧社、酒社、茶社等;五是宗教性组织,如法社、香社、佛社、各种教会组织等。这些社会组织具有非政府性、非营利性,满足了社会多样化的需求。时代变迁,现在除了传统社会组织之外,更多的是公司、单位组织,农村和城镇还出现了社区组织。随着数字信息网络的发展,一些网络虚拟银行、网上商场、网上书店、网上医院、各种中介组织、社会服务组织应运而生,极大地满足了人们的生活和学习需要。这些社会组织均承担一定社会功能,为社会建设发挥应有效力和作用,展现了现代社会的勃勃生机。

3.在治理运行上,由"家族自治"向"规制法治"转变

从制度管理运行情况看,传统社会对于社会组织这一领域,还主要提倡自治。一方面,中国传统社会还是个"大政府,小社会"的治理体系,从家庭到国家整个管理系统和绝大部分资源基本上纳入其中,留给社会治理的空间不大;另一方面,中国传统社会组织经历了漫长的封建时代,已经比较成熟,各种管理制度、管理方法日趋完善,自治顺理成章。现代社会,随着法治体系进一步深入和完善,全面依法治国的蓝图已经绘就,相信在不久的将来,我国必将步入全面的法治社会,成为一个真正的法治国家。

当今世界经济复苏进程艰难曲折,国际和地区热点此起彼伏,网络安全、恐怖主义、重大传染性疾病、气候变化等全球性挑战仍很严峻。"世界各

国需要以负责任的精神同舟共济、协调行动。"①要安天下,就必须共建共享
人类命运共同体。"纵观近代以来的历史,建立公正合理的国际秩序是人类
孜孜以求的目标。从360多年前《威斯特伐利亚和约》确立的平等和主权
原则,到150多年前日内瓦公约确立的国际人道主义精神;从70多年前联
合国宪章明确的四大宗旨和七项原则,到60多年前万隆会议倡导的和平
共处五项原则,国际关系演变积累了一系列公认的原则。这些原则应该成
为构建人类命运共同体的基本遵循。"②人类的生存发展,不仅需要每一个
国家内部的民主法治,还需要变革全球治理体制、尊崇自然、绿色发展、生
态发展。这些都是中国人类情怀理论方面的重要内容。

总之,中国选择马克思主义并推进马克思主义中国化、实现文化创新
转化、传承平等、自由、和谐奋斗目标,展现了中华民族的现代家国情怀。

① 《习近平2015年10月21日在伦敦金融城的演讲》,http://www.xinhuanet.com//world/2015-10/22/c_1116906053.htm。

② 《习近平2017年1月18日在联合国日内瓦总部的演讲》,http://www.xinhuanet.com/world/2017-01/19/c_1120340081.htm。

结　语

从"基于孝、荣于忠、尊于礼"到"平等、自由、和谐"：
中华民族家国情怀的传承主线

德国历史学家卡尔·雅斯贝斯曾说："历史的基本特征是：历史是变迁这一事实本身。""一切伟大之物都是在变迁中的现象。"①家国情怀作为传统文化的一个方面，也不断地发生着嬗变。历朝历代人们的家国情怀不仅伴随着人类社会历史的发展而传承，同时也随着时代发展发生转化。本书提出了家国情怀历史发展的三维衡量标准——主体自由、民族和睦与文明提升，分析了家国情怀历史发展的特殊矛盾——主体自由与制度约束之间的矛盾。主体的家国情怀的变化是随着这对矛盾的变化以及它所引起的主体社会地位、社会关系、社会义务、价值追求的变化而变化。由此看来，家国情怀的发展转化应该反映的是这对矛盾的变化，这对矛盾变化带来主体在社会的地位和主体利益群体之间相互关系的变化，带来了对人们道德义务、责任要求的变化。本书提出中华民族家国情怀的传承主线在于：从"基于孝、荣于忠、尊于礼"到"平等、自由、和谐"。

第一，中华家国情怀的传承转化核心在于"孝忠转化"。所谓孝忠转化，是指家国情怀在历史发展中其责任重心由对家庭之孝转向对国家之忠。孝和忠是人们对家庭、对国家伦理道德的基本要求，也是核心要求。

---

① ［德］卡尔·雅斯贝斯：《历史的起源与目标》，魏楚雄、俞新天译，华夏出版社，1989年，第279、283页。

孝与忠伦理要求先后次序的变化反映了主体在历史发展过程中的地位变化，也折射出社会制度对人伦关系重心的变化。家国情怀的孝忠转化反映的是历史主体地位、时代责任发生变化的实质。

第二，中华家国情怀的传承转化所追求的目标是家齐国治。所谓家齐国治，在视角转化角度看，就是主体在完成家齐之使命或者责任，具备一定治理能力之后，面临成为治国之才的选择，这时需要转化视角，要站在治国角度去思考问题。传统社会尊之以礼，新时代中国讲究以德治国与依法治国相结合，这实际上也是对传统礼法治国的传承与转化。此外，在和平时期与战乱时期，对家国利益的维护所考虑的问题也有所不同，也需要在视角上进行转换。其睿智的选择是，平世致和，乱世保安。但总体而言，无论是平世致和，还是乱世保安，都需要持有思维转换能力，有了这种能力，也就可以家齐国治了。

第三，中华民族家国情怀的传承转化的新时代价值追求就是复兴中华。所谓复兴中华，从时空转化视角看，就是要实现家国情怀的价值目标的时空转化，传统社会的家国情怀追求对封建政权的效忠，在家庭角度要求对封建族权等级关系的拥护，新时代家国情怀则反映的是对复兴中华的追求，讲究平等关系上的责任与义务的对等。中华复兴意味着国力强大、人民生活富裕，表现在人际关系上则是尚礼互尊、平等和睦，此为传统社会追求的大同社会，可以说，复兴中华是从传统社会走向小康、迈向大同的必然的追求方向。

综上所述，中华民族家国情怀的传承转化需要进行责任重心的重构，需要传承中华家国情怀的睿智，需要转变主体视角，需要进行时空转化，以昂扬向上的激情面向未来，实现中华民族伟大复兴。

参考文献

一、著作类

1.《马克思恩格斯选集》(第一——四卷),人民出版社,2012年。

2.《马克思恩格斯文集》(第一——十卷),人民出版社,2009年。

3.《列宁选集》(第一——四卷),人民出版社,2012年。

4.《毛泽东选集》(第一——四卷),人民出版社,1991年。

5.《毛泽东文集》(第一——八卷),人民出版社,1996年。

6.《邓小平文选》(第一——三卷),人民出版社,1993、1994年。

7.《邓小平年谱(1975—1997)》,中央文献出版社,2004年。

8.《江泽民文选》(第一——三卷),人民出版社,2006年。

9. 江泽民:《论党的建设》,中央文献出版社,2001年。

10.《胡锦涛文选》(第一——三卷),人民出版社,2016年。

11.《习近平谈治国理政》,外文出版社,2014年。

12.《习近平谈治国理政》(第二卷),外文出版社,2017年。

13.《习近平谈治国理政》(第三卷),外文出版社,2020年。

14.《习近平谈治国理政》(第四卷),外文出版社,2022年。

15.《习近平著作选读》(第一——二卷),外文出版社,2023年。

16. 曹德本:《中国传统思想探索》,辽宁大学出版社,1988年。

17. 曹军辉、王瑛:《马克思主义国家理论范式转换研究》,西南财经大学出版社,2014年。

18. 常昭:《颜氏家族文化研究》,中华书局,2013年。

19. 陈东林:《国史专家解读毛泽东诗词背后的人生》,九州出版社,2010年。

20. 戴伟:《中国婚姻性爱史稿》,东方出版社,1992年。

21. 冯尔康:《中国宗族制度与谱牒编纂》,天津古籍出版社,2011年。

22. 冯天瑜、何晓明、周积明:《中华文化史》,上海人民出版社,2015年。

23. 高丙中:《中国民俗概论》,北京大学出版社,2009年。

24. 高放、高哲、张书杰:《马克思恩格斯要论精选》,中央编译出版社,2016年。

25. 张海鹏:《中国历史大事典》,山东大学出版社,2000年。

26. 韩震:《社会主义核心价值观的话语建构与传播》,中国人民大学出版社,2019年。

27. 何成:《明清新城王氏家族文化研究》,中华书局,2013年。

28. 黄宽重:《宋代的家族与社会》,国家图书馆出版社,2009年。

29. 汲广运:《琅琊诸葛氏家族文化研究》,中华书局,2013年。

30. 靳义亭:《培育好家风践行社会主义核心价值观研究》,中国社会科学出版社,2015年。

31. 孔祥林、管蕾、房伟:《孔府文化研究》,中华书局,2013年。

32. 孔祥涛:《毛泽东家风》,中国书籍出版社,2006年。

33. 匡长用:《两汉长者的从政理念与家国情怀》,中国文联出版社,2015年。

34. 李存山：《家风十章》，广西人民出版社，2016年。

35. 李肇星：《生命无序：李肇星的家国情怀》，科学出版社，2011年。

36. 梁尔涛：《唐代家族与文学研究》，中国社会科学出版社，2014年。

37. 刘配书、陈昌才：《治国理政箴言》，北京联合出版公司，2015年。

38. 刘哲昕：《家国情怀：中国人的信仰》，学习出版社，2019年。

39. 聂晓民：《邓小平的语言风格》，中央文献出版社，2008年。

40. 乔新华、行龙：《道德济世：晚明泽州东林士人的家国情怀》，山西人民出版社，2016年。

41. 沈壮海：《先进文化论》，高等教育出版社，2003年。

42. 孙正聿：《马克思主义哲学智慧》，现代出版社，2016年。

43. 汤一介：《瞩望新轴心时代——在新世纪的哲学思考》，中央编译出版社，2014年。

44. 王鹤鸣：《中国家谱通论》，上海古籍出版社，2010年。

45. 王永平：《中古士人迁移与文化文化交流》，社会科学文献出版社，2005年。

46. 武市红：《邓小平的平常生活》，中国文史出版社，2011年。

47. 徐斌：《明清鄂东宗族与地方社会》，武汉大学出版社，2010年。

48. 徐国亮、刘松：《中国传统家教家风的历史嬗变及现代转换》，天津人民出版社，2024年。

49. 徐少锦、陈延斌：《中国家训史》，陕西人民出版社，2003年。

50. 徐扬杰：《中国家族制度史》，人民出版社，1992年。

51. 许纪霖：《家国天下：现代中国的个人、国家与世界认同》，上海人民出版社，2017年。

52. 许俊：《中国人的根与魂》，人民出版社、海南出版社，2016年。

53. 杨文学:《家国情怀》,山东人民出版社,2014年。

54. 余伯流:《伟人之间:毛泽东与邓小平》,江西人民出版社,2011年。

55. 岳晗:《家国情怀:儒家与族谱》,中州古籍出版社,2014年。

56. 张建明、冯仕政:《家国情怀 知行合一:纪念郑杭生先生》,中国人民大学出版社,2020年。

57. 张自慧:《礼文化与致和之道》,上海人民出版社,2012年。

58. 赵永新:《三代科学人》,中国科学技术出版社,2019年。

59. 朱炳国:《家谱与地方文化》,中国文联出版社,2008年。

60. 朱汉民、王琦:《家国情怀与文明传承》,湖南大学出版社,2021年。

61. 朱晓军:《巴黎有片榕树林——海外温州人的家国情怀》,浙江教育出版社,2024年。

62. 邹煜:《家国情怀:语言生活派这十年》,商务印书馆,2015年。

二、文章类

1. 艾四林、柯萌:《"政治国家"为何不能真正实现人的解放——关于〈论犹太人问题〉中马克思与鲍威尔思想分歧再探讨》,《马克思主义与现实》,2018年第9期。

2. 包心鉴:《中国制度的内在逻辑和独特优势》,《社会科学研究》,2019年第9期。

3. 陈志刚:《在中华优秀传统文化创造性转化和创新性发展中建设中华民族现代文明》,《马克思主义研究》,2023年第6期。

4. 杜泽逊:《中华优秀传统文化与"忠孝节义"》,《文史哲》,2024年第3期。

5. 方雷：《改革开放以来中国伟大变革的四种维度》，《行政管理改革》，2019年第1期。

6. 冯刚、王振：《以文化人在国家治理现代化中的价值意蕴》，《北京大学学报》（哲学社会科学版），2019年第11期。

7. 高奇、陈明琨：《大数据技术条件下的马克思主义大众化》，《马克思主义研究》，2019年第7期。

8. 顾保国：《论习近平新时代家风建设重要论述的理论逻辑与实践价值》，《马克思主义研究》，2020年第2期。

9. 顾海良：《从"总目标"向"总体目标"的升华》，《理论与现代化》，2020年第2期。

10. 韩萌：《"双一流"战略下我国大学校训文化的优化与升华》，《当代教育科学》，2019年第5期。

11. 韩喜平、刘雷：《建立不忘初心、牢记使命制度的内在逻辑》，《当代世界与社会主义》，2020年第2期。

12. 黄建军：《唯物史观视域中的人类文明新形态》，《中国社会科学》，2023年第10期。

13. 李国强：《习近平文化思想的深厚底蕴》，《中国社会科学》，2024年第3期。

14. 刘海春、张力一翔：《中国式现代化的文化根源、思想动力与价值超越》，《求实》，2023年第6期。

15. 刘建军：《论中国特色社会主义创造了人类文明新形态》，《中国社会科学》，2023年第3期。

16. 刘建军：《实现中国梦必须走中国道路》，《求是》，2014年第5期。

17. 刘书林、王宏岩：《五四运动与先进青年知识分子的选择——纪念五四运动100周年》,《思想理论教育导刊》,2019年第12期。

18. 刘松:《〈周易〉家人卦的家道要旨》,《周易研究》,2020年第1期。

19. 刘松:《场域、语境和时域转换:马克思主义中国化的思维转换》,《思想教育研究》,2019年第5期。

20. 刘松:《和而不同社会观:凝聚价值共识的思想原点》,《山东社会科学》,2023年第6期。

21. 刘松:《以中华文明的统一性推进中华民族现代文明建设》,《山东社会科学》,2024年第7期。

22. 刘松:《主体自由、民族和睦、文明提升:家国情怀的历史衡量三维标准探析》,《山东社会科学》,2019年第5期。

23. 刘同舫:《马克思主义哲学研究中的三重解释张力及其认知变化》,《哲学研究》,2019年第9期;

24. 龙静云、崔晋文:《生态美育:重要价值与实施路径》,《中州学刊》,2019年第12期。

25. 骆郁廷:《新时代爱国主义教育的"破"与"立"》,《思想理论教育导刊》,2020年第2期。

26. 马佰莲:《试论中国马克思主义科学技术思想体系的理论创新》,《马克思主义理论学科研究》,2020年第2期。

27. 欧阳康、赵琦:《以人民为中心的国家治理现代化》,《江苏社会科学》,2020年第1期。

28. 秦宣、俞佳奇:《人类文明形态的构成要素与发展过程——兼论人类文明新形态的深刻内涵》,《当代世界与社会主义》,2023年第5期。

29. 商志晓:《中华民族文明的理论探析》,《哲学研究》,2024年第5期。

30. 佘双好:《深刻理解中国精神在当代中国的特定内涵》,《思想理论教育》,2019年第5期。

31. 孙来斌:《人类命运共同体的理论定位》,《马克思主义与现实》,2020年第1期。

32. 王韶兴:《现代化进程中的中国社会主义政党政治》,《中国社会科学》,2019年第6期。

33. 王仕民、黄诗迪:《互联网技术重塑社会行为的发生逻辑》,《东北大学学报》(社会科学版),2020年第3期。

34. 王树荫:《习近平坚定共产党人理想信念的科学论述》,《马克思主义研究》,2017年第11期。

35. 徐国亮、刘松:《家训·家规·家谱》,《书摘》,2024年第8期。

36. 徐国亮、刘松:《三层四维:家国情怀的文化结构探析》,《四川大学学报》(哲学社会科学版),2018年第6期。

37. 徐国亮、刘松:《在百年未有之大变局中坚定中国道路自信》,《科学社会主义》,2020年第4期。

38. 徐国亮:《中国百年家风变迁的内在逻辑》,《山东社会科学》,2019年第5期。

39. 薛钧君:《跳出"陷阱话语"的陷阱——对几种"陷阱"及其话语体系的反思》,《思想教育研究》,2019年第12期。

40. 颜晓峰:《"中国之治"与坚定"四个自信"》,《思想理论教育》,2020年第1期。

41. 于海清:《70年中国共产党国际影响力的建构与启示》,《人民论坛》,2019年第9期。

42. 张磊:《深刻把握新时代社会主要矛盾变化的全局性影响及其意义》,《经济日报》,2019年第11期。

43. 张立文:《中国精神》,《江海学刊》,2024年第1期。

44. 张琳:《建党百年红色家风建设:历史演进、精神内核与基本经验》,《福州党校学报》,2021年第6期。

45. 张士海、骆乾:《坚持党对一切工作领导的理论内涵与实践路径》,《东岳论丛》,2019年第12期。

46. 郑敬斌:《理解改革开放精神的三维向度》,《东岳论丛》,2019年第7期。

47. 周向军:《中国特色社会主义理论体系研究的新维度——评〈中国特色社会主义理论体系的传统文化基础研究〉》,《山东社会科学》,2020年第2期。

后 记

本书是湖北省高等学校马克思主义中青年理论家培育计划(第八批)(省社会基金前期资助项目)"中国共产党领导人百年家国情怀及实践研究"(项目编号:21ZD234)的结项成果。该著作也得到了中共山东省委党校(山东行政学院)科研支撑项目基金资助,是中共山东省委党校(山东行政学院)科研支撑项目成果,也是山东省习近平新时代中国特色社会主义思想研究中心的研究成果。

本书之所以结缘于"中华民族家国情怀的传承",与我青少年阶段"三线厂"的生活经历息息相关。我的父母都是"三线厂"职工。父亲本是安徽怀远人,从合肥工业大学毕业后被分配到武汉工作,后来响应国家号召,投入"三线"建设。母亲本是武汉人,在国家支援"三线"建设的大潮中也从大城市来到鄂西北小城市"三线厂"工作。他们这一代人为国家"三线"建设"奉献了青春、奉献了一生",展现了浓浓的家国情怀。这种家国情怀也植入了我的基因。

父亲以苦为乐,是一个有着独特人格魅力的"三线人"。我们家所在的"三线厂"坐落在寂静、荒凉的山沟中,远离城市,公共娱乐活动也不多。在我的童年,还没有电视和手机,除了每周一场电影,儿童节有个文艺表演,过年有一场游艺会以外,厂里一般的家庭业余活动就是开荒种菜、上山打柴、打扑克、下棋等,而我们家有些不一样。像种菜、打柴以及大部分家务活都被勤劳的妈妈包揽了,父亲除了负责家里一些重活累活脏活外,主要负责教育孩子,陪我们一起读书、写作业。父亲总是喜欢给我讲故事,特别是晚饭后在山间散步的时候。他的个子高、步子大,我总是小跑着跟着他。当我跟不上时,便急得直叫,这时,父亲愣了愣,回转来,笑着把脸凑过来,想用胡子扎我,我便推开他,向前跑去。他中气足、声音大,讲故事像在给学生们上课,发音标准,富有节奏,抑扬顿挫,充满激情。情到兴处,还朗诵一首首诗词(如郭沫若的《黄浦江口》、徐志摩的《再别康桥》、普希金的《假如生活欺骗了你》),或者以美声唱法高歌一曲,如入无人之境。而今仍记得父亲朗诵郭沫若的《黄浦江口》:

> 和平之乡哟!我的父母之邦!岸草那么青翠!流水这般嫩黄!
> 我倚着船围远望,平坦的大地如像海洋,除了一些青翠的柳波,全没有山崖阻障。小舟在波上簸扬,人们如在梦中一样。
> 平和之乡哟!我的父母之邦!

当时的我并不知道爸爸为什么喜欢这首诗,长大以后才明白,是因为他思念自己的家乡!那时的我,有时也和着父亲的调调,来个男声小合唱。父亲的雄浑高亢和我的稚嫩童音恰好构成了一首完美的乡间小路插曲。路人熟悉了,也不打破我们的气氛,也不觉得奇怪,羡慕地看着这对仙境神游、一路欢歌的父子俩。父亲的诗朗诵在厂里是有名的,厂里宣传部门经常请他在放电影前现场朗诵诗歌,博得阵阵掌声。他喜欢听唱片,附近许多年轻人经常聚在我家欣赏音乐,他有时还随着音乐高歌一曲,引起大家共鸣,纷纷和着加入进来,于是,我家成为欢乐的海洋。忙碌单调的"三线厂"也因此多了些许快乐的音符。或许,我的讲课表演天赋是他熏陶的结果。

父亲重视孩子教育,是个有着远见卓识的"三线人"。我们家所在的

"三线厂"虽然有自己的子弟学校,但是教育质量比市重点学校差远了。小学阶段还看不出来,一到中学,差距立马就显露出来,大多数孩子选择上了技工学校和中专,少数坚持读完高中的,有的考入职业大学,有的转而考入技校,还有的顶职或者待业。厂里职工中像父亲这样的大学生很少,大部分学历不高,对于孩子们考不上大学也一筹莫展、无可奈何。父亲看到这种情况也很着急,一方面主动请缨,利用晚上和休息日来子弟学校给"三线厂"的孩子们上课,另一方面对我和姐姐的教育抓得更紧了。在我上小学五年级时,父亲为了让我能升入市重点中学学习,把我转到市八小上学。于是,在每天繁忙的工作之余,他比别人多了接送孩子去市区上学的任务。从厂里到市里的学校,骑自行车需要半个多小时,来回一趟就得花一个多小时。刚开学那阵,天还很冷,父亲给我买两个热馒头,让我坐在自行车前杠上吃。吃完怕我受冻,让我把手伸进他的棉袄夹层里取暖。听着父亲呼哧呼哧喘着粗气,我真的好心疼!其实,厂里也有接职工上下班的班车,不过要买车票。虽说五分钱,在那时父亲还是舍不得花钱。而且细细算来,天天来回一毛钱,一个月也要两三元钱。记得那时猪肉也才一元左右,这省下的钱足以多吃几斤猪肉!去上学的路还算好走,从厂里到市区全是下坡,只要注意带着闸就行了。回来时,遇到上坡,我就连忙下来,父亲和我一起推行。每每这时,父亲总是和我交谈,了解我的学习进展和我在校的故事。一路说说笑笑,好自在!那时,我的各门课成绩好,父亲从不担心。有一回,遇到一道植树问题,数学老师误判了我的作业,课堂上我坚持我的观点,却遭到老师批评。我感到委屈,跟父亲说。父亲仔细听完我的分析和算法,肯定了我的正确性,安慰我别伤心。当天晚上,父亲在我的作业本里给老师留了封信。记得那晚,他好像修改了几遍,最后抄正在信纸上,还套了信封,夹在我作业本中,随着我的作业一起交上去了。第二天数学课,老师对前一天所讲的那道题进行修正,并在课堂上向我道歉,还表扬了我敢于坚持真理的精神。父亲的这种教子方法和沟通方法或许成为我今天育儿的经验传统。我每回遇到芊儿要我签字、检查作业等事情,我都想起父亲那种认真的精神,从不敢马虎。我的认真也得到孩子的老师的回应和认可,孩子也喜欢找我签字。而且孩子做作业也变得自觉和认真了!真是有其父,必有其子!回想着我的求学生涯,从小学、中学到大学,从专科生到本科生,再到研究生,最后考取博士;回想着我的职业生涯变迁,从职业院校政治辅导员到大学思政课教师,再到省委党校教师,从讲师、副教授到教授,从穷乡僻壤的山沟沟到中等城市,再到沿海省份省会城市,一路走来,我的人生变化和执着的追求始终透着一股父亲身上的"三线精神"——艰苦奋斗、乐观进取、永不言败,父亲这个普普通通的"三线人"的家国情怀在我身上得以传承。

　　父亲矢志报国,是个有情怀的"三线人"。在我儿时印象中,父亲总是很忙,白天匆匆去上班,晚上和休息时总是伏在大方桌上写稿子。当时就感到奇怪,机械工程师为什么要写那么多书稿。后来才知道,父亲这个理工男酷爱文学,怀揣着一个文学梦。当他看到英国人李约瑟用毕生精力写的七卷本数百万字的《中国科学技术史》,在为中国古代科技在明代领先世界感到自豪的同时,强烈的民族自尊心也驱使着他决心为中国科技史做点儿事情。于是,他将大部分的业余时间投入到中国科技史的研究和创作中。哪怕平时工作再忙、再累,他都没有放弃这个梦想。终于在香港回归的那一年,父亲的第一本文学作品《张衡全传》得以面世。在此之后五年里,他又陆续创作出版了五本中国科学家传记。是什么支撑着一个工程师创作出这么多文学作品?我想,是那颗强烈的爱国心成就了他的文学梦。在父亲看来,中国的现代化发展需要科技的繁荣和壮大,创作一些中国科学家的作品可以促进孩子们学科学、用科学、敬畏科学,有利于形成崇尚科学精神的良好氛围,也可以增强中华文化自信和科学自信。父亲这种不断奋斗、拼搏图强、永不放弃的"三线精神"和家国情怀一直影响和激励着我。我的考博生涯面临多次失败,但从未轻易放弃,考了七年终于如愿以偿。想想一路走来,我虽然经历了千辛万苦,但始终不愿放弃梦想,这得益于父亲的榜样教育。在潜移默化的家庭教育中,忠于祖国、不怕困难、热爱科学、追求真理、以苦为乐、勤奋进取、永不放弃的"三线精神"和家国情怀悄然植入我的血脉和精神世界。

本书主要源于我的博士论文,也有一些灵感来自博士毕业后承担的系列研究课题。回想四年博士生涯,奋斗时光历历在目,充满着艰辛与汗水,也充满了幸福和希望。感觉博士生涯是人生的一次较量,既是个人学术、智力的较量,也是人格、意志和体力的较量。经历了这次人生的较量,我的学习能力、捕捉信息能力、调查研究能力、构造创新能力都得到了相应的锻炼和提升,思考问题变得全面起来。一次次的学术训练也是对心性的磨砺,逐渐让我能够自主开展研究,也越来越能够自我剖析,让我明确人生的奋斗方向,这真是来之不易的成长经历!所有这些成绩都应该感谢山东大学对我的培养!也要感谢原工作单位湖北文理学院给我创造的宽松学习环境和可靠的后勤保障支援!同时也要感谢中共山东省委党校给我提供的继续奋斗的学术平台和良好的工作环境。

在此,我特别想感谢我的恩师徐国亮教授。徐教授在我博士阶段对我严格训练、严格要求,经常举办的学术讲座拓展了我的学术视野,定期召开研究生读书会、报告会、座谈会、碰头会了解我的学习研究状况,定期给我布置各种专业学术训练任务,对我进行专门训练。当我遇到疑难问题时,总喜欢求教于导师,徐教授每次都能启发我找到解决问题的方向。在认真执行导师布置的各项任务过程中,我的独立研究能力逐渐提升,一篇篇文章在徐教授大力推荐下得以发表。除了指导我们读书学习、写论文外,他还指导我如何申报国家项目及各种科研课题,教我如何选题,如何架构,如何修改,如何组织团队,在徐教授主持的国家社科基金重点课题"中国传统家教家风历史嬗变及现代转换研究""中华优秀传统文化与科学社会主义价值观主张的高度契合性研究",以及教育部重大课题子课题"中华传统道德制度建设",山东大学重大课题"五四百年家风实证研究"的申报、调研、研究过程中,我受益良多。徐教授不仅在学术上热心指导我,还十分关心我的生活,嘘寒问暖,年节假日看到我没回家,便邀请我到他家里吃饭,为我改善生活,让我备感温暖;得知我生病,派人送来水果;得知我家里有事,连忙妥善慰问和援助,令我感动万分。徐教授不仅注重培养我的学术品质和学术素养,还潜移默化地培养我的人格素养。从一言一行对我进行悉心指导,教我如何待人接物,如何传递爱心,如何尊敬师长,如何奉献社会,我感觉徐教授就像自己的父亲一样慈祥、温暖、厚重。在本书的写作过程中,徐教授总是不停地鼓励我、指导我、关心我,才使我终于冲破重重困难,顺利完成书稿写作,在此,特别感谢徐教授!

我还想真诚感谢山东大学王韶兴教授、周向军教授、张士海教授、郑敬斌教授、徐艳玲教授、方雷教授、费利群教授、马佰莲教授、张志泉教授,感谢湖北文理学院的贾德林教授、王子亭书记、罗友忠教授、聂军教授、王奎教授、李双胜教授、吴钊教授、张彦林副处长、李晗老师、庄广彦老师,感谢中共山东省委党校林学启校长、张传鹤院长、骆乾副院长,感谢刘要停社长、许慎老师、李征老师等,这些老师给予了大力支持和帮助,感谢各位领导和老师!

最后,还要感谢我的妻子无怨无悔的真诚奉献,把照顾孩子、赡养老人的重担全部挑了起来,我才有可能将全部精力投入到攻读博士和教学科研工作之中。还要感谢父母和相关亲人们、朋友们、老同学们经常打电话鼓励我、支持我,在此深表感谢!

刘　松

于济南蟠龙山书斋

2025年6月28日